藍學堂

學習・奇趣・輕鬆讀

圖解

地表最可愛的

錢錢教科書

搞懂錢錢是從哪裡來的，
該怎麼賺得到、滾更多！

伊藤良太　　著　　張嘉芬　　譯

這本書根本就是
「投資理財知識的學習地圖」！

A大 (ameryu) /《A大的理財金律》作者

很久以前我曾被問過：「請問有辦法在幾個小時內，建立理財的基礎知識嗎？」說實話，當時真的有點被問倒，因為我自己至少花了1萬個小時在上面。但因為我用錯方法學習，才花了那麼多時間。

我覺得這本書最棒的地方是，它從最基礎的觀念開始談起，甚至連貨幣的起源，作者也很認真地解釋了一遍，然後也說明了總經的原點「售價是如何訂出來的？」（**需求與供給**）。最讓我佩服的是，本書的每一個解說都附上插圖。這真的很不容易，因為畫圖很燒腦。

每一個關鍵皆附上可愛易讀的圖解，憑直覺就可學習，是這本書最大的特點。這本書的每一跨頁字數都很少，僅有幾百個字，大約1、2分鐘就能讀完，相信對於理財新手來說，是一本能夠輕鬆上手的入門書。

個人覺得，**這本書根本就是「投資理財知識的學習地圖」！**從〈提早存錢的理由〉開始（第2章01），就快速把人生中「可能」會遇見的開銷完整地跟讀者解說一次；再來還有解說保險與稅金的內容。最讓我驚訝的是，作者居然解說了「有沒有投

保任意險的差異」（第 9 章 09、10）。這點真的很重要，我們都知道要投保強制險，但卻不見得人人都知道要投保任意險（第三人責任險、超額責任險）。保險具有填補損失的功能，若經濟狀況許可，請務必投保任意險，可以讓您的人生少掉很多風險。

這本書雖提及日本的金融環境，但在台灣生活的我們，一樣能夠從中受益，其中有幾個觀念是非常值得摘要出來跟大家分享的。例如：

一、初期理想的存錢方式可以把存錢目標設定在年收入的 2 成。如果剛出社會起薪不多，1 個月收入 3 萬，就每個月存 6000 元，持續存 1 年就會有 7 萬 2000 元。若您轉換跑道，這筆錢就能當成緊急備用金。由於每個月的開銷是 2 萬 4000 元，這筆錢剛好足夠撐 3 個月，直到找到下一份新工作。

二、請一次繳清信用卡，不要使用信用循環利息，這點滿重要的。信用卡是需要申辦的金融工具，但一定要學會如何「正確」使用，才能避免自己淪為卡奴，陷入卡債風暴。還有，我想提醒大家要盡量避開信用卡的回饋陷阱，別為了湊滿額現金回饋，而產生更多的消費。

三、投資股票可能會讓資產增加，也可能會縮水。如果你害怕投資的虧損風險，就無法在投資世界裡成功。

作者總會在適當的章節，附上風險說明，是這本書難能可

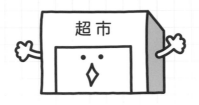

貴的地方。**如果你正愁著要去哪裡找可以花最少的時間，吸收到最多的理財投資相關知識的書，就把本書買回家。**

　　你僅需善用生活中零碎的時間，每天進步一點點，每天讀一點點，就能在極短的時間內，了解金融專有名詞、關鍵概念的含義。像是，通膨、通縮、售價如何決定、供給與需求的總體經濟概念、貨幣的升值與貶值……。**把本該花 1 萬小時以上才能學齊全的東西，濃縮到剩下僅需 2 小時，就能建立「金融知識的骨架脈絡」。**透過本書，您可以先學到基本又正確的金融知識，而這些知識都將化為您的致富基石。

　　誠懇地邀情您來一起閱讀這本有趣、可愛又實用的《【圖解】地表最可愛的錢錢教科書：搞懂錢錢是從哪裡來的，該怎麼賺得到、滾更多！》。

讓你邊看邊笑的金融圖解入門書

　　許多讀者一看到經濟、金融、投資相關討論，就覺得頭很痛，打從心理排斥。聽到大家討論相關話題時，也是似懂非懂，沒法插入話題，只好默默退出。

　　然而，**我們生活在資本的世界裡，其實任何大小事都跟錢有關**。唯有與金錢打好關係，累積金融知識，才能保護自己，好好活在現在，然後一步步邁向財富自由。

　　我們是在這層思考上引進本書的。除了它是暢銷百萬財經圖解系列之作，也因為它的圖解說明非常可愛、逗趣，能為台灣讀者瞬間降低閱讀門檻，無痛進入金融知識的世界。

　　2 小時就能從貨幣、人生、工作、銀行、景氣、投資、商業模式、急難、稅務等各面向，讓你從微觀到宏觀，快速學會如何和金錢好好打交道。

　　以下是閱讀重點。個人方面，可以從人生不同階段：就學、成家、懷孕生子、購屋／車盤點所需的花費（第 2 章）；而老後、意外災害，可提前靠社會和商業保險、年金來自我照料（第 9 章）；工作上，不論選擇當上班族、自營業、自由工作者，或者兼差、打工都會面臨不同的挑戰和財務規則（第 3 章），但不管怎麼樣，大家總是希望錢愈多愈多、愈滾愈大，而不論賺多少錢都要留意繳稅問題（第 10 章）。

　我們要如同第 6 章章名頁的插圖（第 97 頁）所示，想辦法在股票農場裡當個農夫，如何培養愈來愈多的蘿蔔股票呢？透過本書了解股價怎麼制定、認識財報、股東有什麼權益。新手最適合從基金起步；若想投資股票，要先了解股市的不確定性和逢低買進的心法。心態比較保守的族群則可將眼光放到債券、ETF 上（第 6、7 章）。

　另一方面，學習金融的基礎「貨幣」和信用卡、電子支付的起源、功能、特色，還有虛擬貨幣的未來。其中，透過書中的圖解角色河童段落（第 24 頁），你會立刻了解需求和供給導致商品價格變動（第 1 章），也呼應了大家在疫情階段搶昂貴的口罩、快篩，而現在價格直直落的情況。

　閱讀完本書，你一定會對身為經濟命脈的銀行（傳統銀行、網路銀行、中央銀行等）的功能、種類有基礎的了解（第 4 章）；不害怕新聞報導常出現的金融專有名詞：景氣、次級房貸、通縮／通膨、消費者信心指數、低銀行利率等（第 5 章）；甚至可掌握新的商業模式，挑選有發展潛力的企業，並走在相對優勢的的賽道上（第 8 章）。

　本書內容穿插日本狀況，台灣人可參考並獲得啟發。2023 年 10 月 5 日為止，日幣對新台幣匯率換算為 0.22 左右，讀者可自行換算。為了便於讀者閱讀，我們在書末附錄補充了台灣情況，讀者可大致掌握；同時附上資料來源，若讀者想知道更細節之處，也可參照。

Chapter03
工作賺錢之後
才明白的金錢機制

Chapter04
認識銀行的
金錢機制

Chapter05

「景氣好」究竟是什麼意思？

Chapter06

也來想想如何養大資金

Chapter07
可運用在投資理財
上的金錢機制

Chapter08
了解現代企業的
金錢機制 **!!**

Chapter09
了解急難時
能派上用場的資金

Chapter10
繳稅也很重要

金融教育尚未普及，
所以才更希望大家學習金融知識

　　我想很多人會說「我為了賺錢，吃了好多苦頭」、「好想變成有錢人」。「錢」就像讓人滿足自由和欲望的門票。要是能隨時買下自己喜歡的東西，想買多少就買多少，那真是幸福無比。

　　然而，如果想隨心所欲的滿足自己一切的欲望，恐怕再怎麼富裕的人，都會在轉眼間把錢揮霍殆盡。反之，那些滿嘴說著「我現在正在為錢發愁」的人，只要能在日復一日的生活中，稍微節制自己的欲望，10年、20年後，還是有機會累積出一定程度的資產。其實錢不只「該怎麼花」很重要，「該如何跟錢相處」也很關鍵。

　　我身為金融規畫顧問師，長年都在輔導家計的生活開銷安排與企業經營。而輔導的主旨正是「該怎麼和金錢相處」。不過，要和金錢好好相處，必須先了解金錢機制。

　　因此，本書將從金錢制度的起源開始談起，再介紹理想的財務計畫和最新的商業模式等，從多元面向介紹金錢機制。還有，書中也說明了「虛擬貨幣」、「金融科技」等最新金融詞彙。另外，本書大量使用插圖，文章也盡可能簡潔的描述。希望覺得「想多了解金錢，可是看起來好難……」的人能開卷一讀。

　　附帶一提，相較於世界各國，日本實施的金融教育非常有限，很多人根本不明白金錢為何物，就出了社會。正因如此，「對金錢沒有概念」成了理所當然，不過從現在開始學，一點都不晚。

　　對金錢機制了解得愈多，就愈能體會它耐人尋味之處。還有，只要具備金錢知識，就不會再被錢耍得團團轉，或被詐騙上當。學會金錢知識，說不定以後還能讓您的財富與日俱增。期盼本書能在了解金錢的路上，助您一臂之力。

伊藤良太

第 1 章

不了解金錢，就無法看清這個社會

你我平時用錢總是不經意，
但你知道金錢究竟從何時開始出現？
又是在什麼因緣際會下，問世的嗎？
讓我們先從金錢的基礎知識開始學起吧！

第❶章

01 錢是怎麼來的？①

$

很久很久以前，人類社會並不存在著「金錢」。在了解金錢機制之前，讓我們先來想一想：「金錢」究竟是如何形成的？

　　想取得某項物品時，我們會付錢買下。然而，在遠古時代，由於還沒有「金錢」，所以大家會透過**以物易物**的方式，取得這些物品。**以物易物的交易要成立，相當曠日費時**。比方說，假如你手上有蘋果，想要一些魚。那麼就要先找到手邊有魚，而且想要蘋果的人，才能換得到魚。

以物易物的交易很難成立

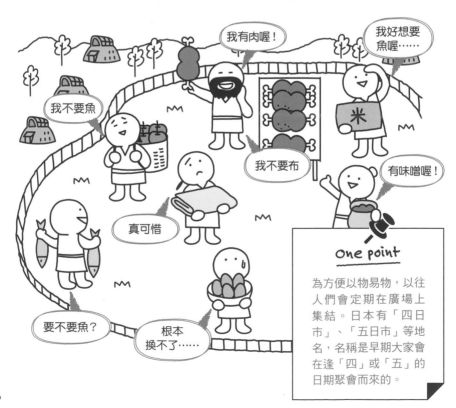

one point

為方便以物易物，以往人們會定期在廣場上集結。日本有「四日市」、「五日市」等地名，名稱是早期大家會在逢「四」或「五」的日期聚會而來的。

以物易物的方式很難找到符合雙方期待的物品，於是**稻米、布匹等商品貨幣**便應運而生。這些都是民眾比較想要的物品，也具有人人都能認同的價值。而且比魚、肉等生鮮食品容易保存，因此這些商品貨幣便成了以物易物的交易媒介，扮演起有如現今所謂「金錢」的角色。

商品貨幣的問世，讓交易變得更簡單

第①章

02

$

錢是怎麼來的？②

以物易物開始發展的交易活動，因為稻米、布匹等商品貨幣的
問世，而變得更簡單。之後又出現了什麼發展呢？

　　儘管稻米和布匹比肉品、鮮魚等商品更能長期保存，但隨著時間
流逝，它們還是會逐漸變質。於是在中國，人們開始用貝殼當成交易
的媒介。時至今日，「財」、「貯」、「貧」等和金錢有關的字，都還
是帶有「貝」這個部首，這就是當年留下的痕跡。不過，貝殼畢竟還
是容易破損，**所以後來為了尋求更堅固、耐用的交易媒介，才有了加
工金、銀等金屬製成的貨幣問世。**

日幣的歷史

（新台幣歷史請見附錄1-1）

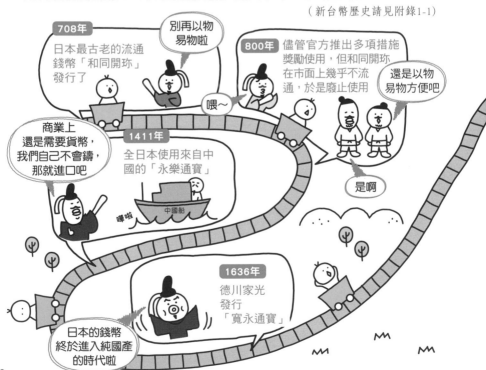

708年
日本最古老的流通
錢幣「和同開珎」
發行了

別再以物
易物啦

喂～

商業上
還是需要貨幣，
我們自己不會鑄，
那就進口吧

1411年
全日本使用來自中
國的「永樂通寶」

嘩啦

中國船

800年 儘管官方推出多項措施
獎勵使用，但同開珎
在市面上幾乎不流
通，於是廢止使用

還是以物
易物方便吧

是啊

1636年
德川家光
發行
「寬永通寶」

日本的錢幣
終於進入純國產
的時代啦

　　然而，隨身攜帶大量金幣、銀幣，畢竟還是很不方便。於是「錢莊」便應運而生，為民眾保管金幣或銀幣，並開立可供兌換的銀票。這種銀票就是紙幣的起源，而錢莊也開啟了銀行的先河。至於「銀票可兌換黃金」，我們稱之為**金本位制**（Gold Standard），日本已在1931年廢除。**目前的紙幣是憑藉著每位使用者認為「使用這種紙幣有價值」的一份信任，而得以發揮「金錢」該有的功能。**

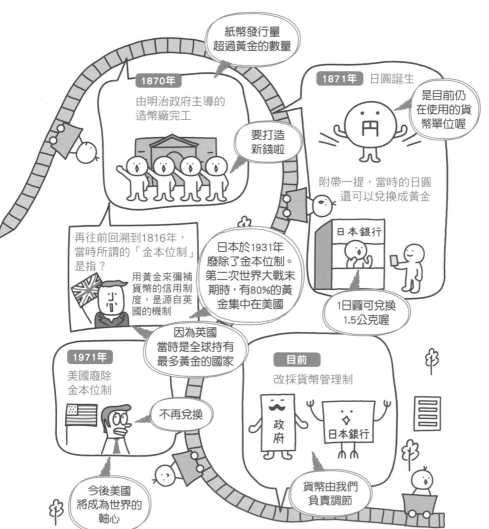

紙幣發行量
超過黃金的數量

1870年
由明治政府主導的造幣廠完工

要打造新錢啦

1871年 日圓誕生

是目前仍在使用的貨幣單位喔

附帶一提，當時的日圓還可以兌換成黃金

日本銀行

再往前回溯到1816年，當時所謂的「金本位制」是指？

用黃金來彌補貨幣的信用制度，是源自英國的機制

日本於1931年廢除了金本位制。第二次世界大戰末期時，有80%的黃金集中在美國

1日圓可兌換1.5公克喔

因為英國當時是全球持有最多黃金的國家

1971年
美國廢除金本位制

不再兌換

目前
改採貨幣管理制

政府

日本銀行

貨幣由我們負責調節

今後美國將成為世界的軸心

第❶章 03 $

貨幣有三大功能

我們平常總是不經意的花用金錢，但其實金錢具備三大功能。
接下來，就讓我們逐項整理重點吧！

　　我們拆解貨幣發展的背景，就會發現它最初是以物易物的媒介。
也就是說，**「購買」指的是「交換」**。這就是**貨幣的功能**之一。貨幣
的第二項功能，是「衡量事物價值的量尺」。**有了錢，就能把事物的
價值轉換成數字**，例如「橘子1個100元，蘋果1個200元」等。因為有
貨幣，我們就能明白何者較貴、哪個較便宜。

貨幣的三大功能

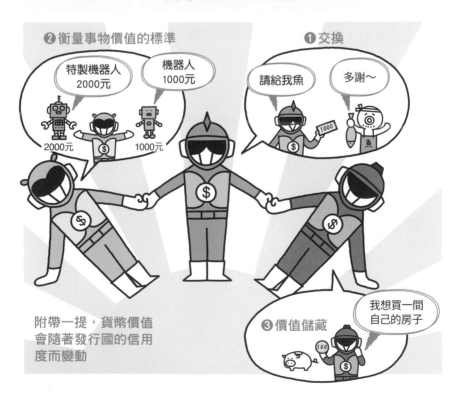

❷衡量事物價值的標準　　　　　　　　❶交換

特製機器人
2000元

機器人
1000元

2000元　　1000元

請給我魚

多謝～

1000

附帶一提，貨幣價值
會隨著發行國的信用
度而變動

❸價值儲藏

我想買一間
自己的房子

100

　　而第三項則是「價值儲藏」的功能。**鮮魚或肉品只要一變質，價值就會下跌；但如果是以貨幣的形式，就能將價值保存下來。**每個月儲蓄一點錢，等累積到一定程度之後，就能去旅行。這是有貨幣機制才能做到的事。不過，貨幣的價值要有「信用」當後盾才能成立；要是沒了信用，貨幣的價值就有可能暴跌。

貨幣還有這些優點！

● 攜帶方便

商品貨幣攜帶不便，輕巧又堅固的紙幣，堪稱劃時代的發明。

好重

要和米交換的話，這裡剛好是一頭牛的分量

2200元

收銀台

嗯！

我們平分，1人出1100元吧

平分不了吧？

要平分嗎？

● 可零碎切分

金錢和商品貨幣不同，可用最小單位計算，讓買賣交易變得更輕鬆。

財如流水，周遊天下

第❶章 04 $

錢並不是花掉之後就消失。
讓我們來想一想：花掉的錢跑到哪裡去？

　　假設你在書店買了1本書。你付的錢會先進到書店，但之後會再付給發行這本書的出版社。這筆錢進到出版社之後，會化為員工薪資或新書的製作費、紙品採購費及印刷費。到了造紙廠或印刷廠，會再將從出版社收來的錢支付給員工當薪資——**錢就像這樣，在社會到處流轉。**

你的錢在社會流轉

START 看看金錢的流動吧！

漢堡
200 元
多謝惠顧！

GOAL
就是它了！你拿它去買點喜歡的東西吧！
太棒了！我要去買漢堡！
1000

酒莊
酒商付款囉！

此外，你在書店買書的款項裡，還包括了稅金。書店先預收了加值型營業稅，再繳納給政府；**政府會用收來的稅金，推動「幼兒教育補助」等政策，回饋給社會**；而這些回饋給社會的金錢，有一部分又會化為稅款，再回到國庫。經濟學稱之為「**經濟循環**」，這是我們在思考金錢機制時，相當重要的概念。

one point

金錢總是從1個人手上，交到另1個人手上。不只有在市場上流動的金錢，以稅金形式存在的消費稅、所得稅等也屬於一種金錢流動。

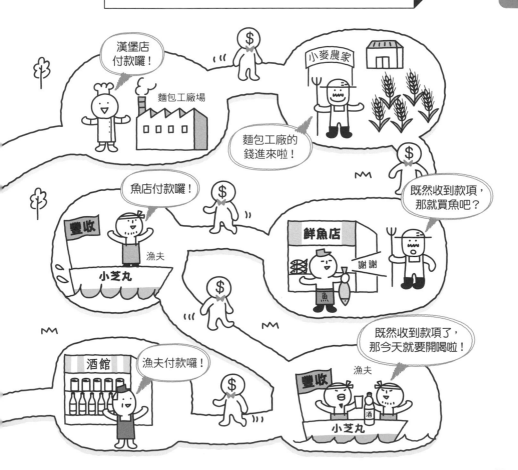

漢堡店付款囉！

麵包工廠場

小麥農家

麵包工廠的錢進來啦！

既然收到款項，那就買魚吧？

魚店付款囉！

豐收

漁夫

小芝丸

鮮魚店

謝謝

魚

既然收到款項了，那今天就要開喝啦！

酒館

漁夫付款囉！

漁夫

豐收

酒

小芝丸

23

售價是如何訂出來的？

購物時，最令人在意的就是價格。
追根究柢，這些售價究竟是如何訂定出來的？

　　商品的售價究竟是怎麼決定的？這與**「需求」**和**「供給」**有關。
**所謂的「需求」，指的是消費者願意取得的商品數量；而「供給」則
是生產者生產的商品數量。**當供給少、需求多時，就會有人表示「即
使貴我也要」，所以縱然賣得稍貴一點，商品還是賣得出去；但是當
供給多、需求少時，供給方會為了多賣出商品，而願意調降價格。

需求和供給的關係

當需求多、供給少時，
價格就會上揚

今年歉收……

就算只有兩根，
我還是想吃

河童想吃～

就算1根1萬元，
我也想吃

來人啊！
快來買呀～

大豐收

小黃瓜我已
經吃膩了

要是1根10元
的話，河童我是
可以買啦……

當供給多、需求少時，
價格就會下跌

不過，**就長遠來看，需求和供給最終還是會達成平衡**。比方說，當供給少、需求多時，供給方就會因為想要「賺更多」而增加供給，於是當供給上升到超過需求時，供給方就會調降價格，反之亦然，所以供給和需求便會逐漸趨於合理價格。

需求和供給終將趨於穩定

第❶章
06
$

不是只有現金才算貨幣

社會在進步，貨幣的形式也不斷與時俱進。
讓我們來看看現金以外的貨幣機制吧！

　　說到貨幣，大家會想到的總是硬幣和紙鈔，其實除了這兩者之外，還有其他貨幣形式，**信用卡**就是一個例子。只不過申辦信用卡必須經過審核，符合一定標準才能使用。**因為信用卡有「信用」兩字，就表示申請人必須具備付款能力的信用**。附帶一提，刷卡消費其實是由信用卡公司暫時代墊款項的一種付款機制。

信用卡讓生活更方便

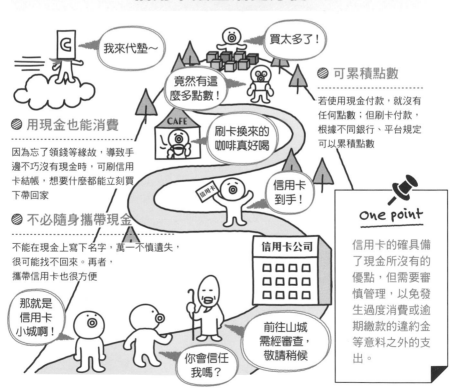

我來代墊～

買太多了！

竟然有這麼多點數！

◉ 可累積點數

若使用現金付款，就沒有任何點數；但刷卡付款，根據不同銀行、平台規定可以累積點數

◉ 用現金也能消費

因為忘了領錢等緣故，導致手邊不巧沒有現金時，可刷信用卡結帳，想要什麼都能立刻買下帶回家

刷卡換來的咖啡真好喝

信用卡到手！

◉ 不必隨身攜帶現金

不能在現金上寫下名字，萬一不慎遺失，很可能找不回來。再者，攜帶信用卡也很方便

那就是信用卡小城啊！

你會信任我嗎？

信用卡公司

前往山城需經審查，敬請稍候

one point

信用卡的確具備了現金所沒有的優點，但需要審慎管理，以免發生過度消費或逾期繳款的違約金等意料之外的支出。

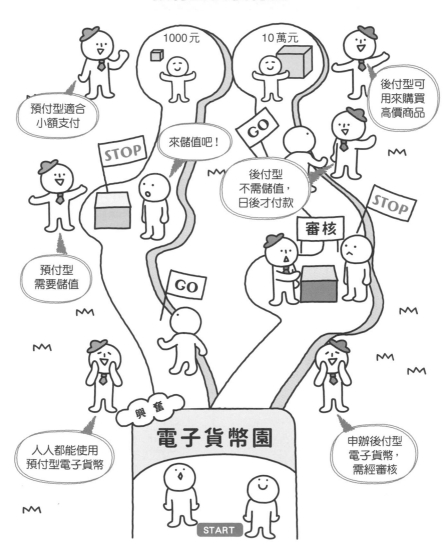

此外，**電子貨幣**也是現金之外的另一個貨幣選項。它將現金轉換為貨幣數據資料，再透過資料傳輸來付款。**電子貨幣有所謂的「後付型」（post-paid）**，也就是像信用卡一樣**先買後付款，還有先以現金儲值的「預付型」（pre-paid）**。付款時不需簽名，只要掃卡片或裝置就能消費的電子貨幣，便利性高，目前已逐漸普及。

預付型與後付型

虛擬貨幣
有何神通廣大之處？

「虛擬貨幣」是在網路上可使用的一種全新貨幣。
它與傳統貨幣有何不同？怎樣不同？就讓我們一起來看看吧！

虛擬貨幣是在網路上買賣商品、服務的雙方，基於彼此信任「可用來支付買賣對價」，才得以發展的支付工具。傳統貨幣有政府保證它的價值，虛擬貨幣則無。然而，萬一傳統貨幣失去大家的信任，那麼也只不過是普通的金屬、紙片罷了。**虛擬貨幣受眾人信任，所以與其他貨幣一樣，能用來消費，也可兌換成新台幣或美金。**

傳統貨幣與虛擬貨幣的差異

傳統貨幣是由政府、銀行所管理

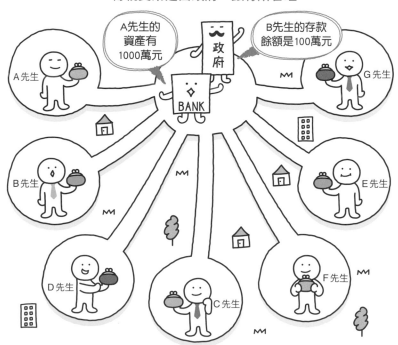

　　虛擬貨幣能贏得民眾信任、成為貨幣的主因是運用了「區塊鏈」（Blockchain）這項科技。「區塊鏈」是一種由所有參與者共同管理數據資料的科技，**比特幣**（Bitcoin）是最有名、最早運用區塊鏈技術的虛擬貨幣。**一般人往往認為數位資料很容易被複製、竄改，但區塊鏈其實可以讓這些勾當完全現形。**

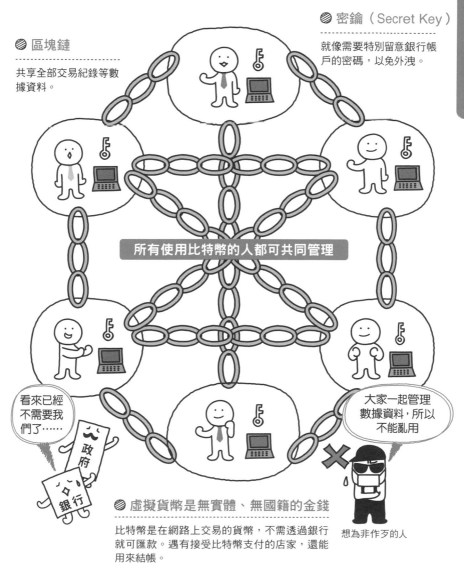

◎ 密鑰（Secret Key）

就像需要特別留意銀行帳戶的密碼，以免外洩。

◎ 區塊鏈

共享全部交易紀錄等數據資料。

所有使用比特幣的人都可共同管理

看來已經不需要我們了⋯⋯

大家一起管理數據資料，所以不能亂用

◎ 虛擬貨幣是無實體、無國籍的金錢

比特幣是在網路上交易的貨幣，不需透過銀行就可匯款。遇有接受比特幣支付的店家，還能用來結帳。

想為非作歹的人

第❶章

08

不斷進化的貨幣

$

金錢制度始於以物易物，但隨著科技的進步與金錢相關的各項事業，也出現了革命性的變化。

虛擬貨幣的問世，使得貨幣的概念出現了許多變化。而**金融科技（Financial Technology，Fintech）一詞，就是結合金融（Financial）和科技（Technology），所創造出來的新詞**。它所指涉的範圍，不只有我們在前一篇提到的虛擬貨幣，還有運用資訊科技跟金錢有關的新服務。例如，透過智慧型手機應用程式（App）付款，運用人工智慧（AI）理財，或是從網路上匯款到國外等，都屬於金融科技的範疇。

截至金融科技為止的現代貨幣史

今後，金融科技可望更蓬勃發展。不過，要推出全新服務，並不容易。**金融服務受到銀行法、預付卡和資金支付等各種法令規範，必須逐一克服才行**。此外，人的習慣很難馬上改變，所以還是會有一定程度的民眾認為「花錢就是要用現金」。

金融科技讓社會更便利

我們已經在使用金融科技了

運用手機App來進行銀行轉帳、透過AI投資理財、針對網路用戶的融資服務等，這些都是已經在美國實際運用的金融科技。

「只要拚命工作，就能賺到錢」 的觀念是錯的

　　人生在世，想必任誰都有「好想要錢」、「想吃美味的食物」等的需求。

　　那麼，究竟該怎麼做，才能滿足這些需求？只要工作到很晚，就連周末也不惜上班上工，揮汗如雨的工作就能多領一些薪水嗎？

　　很可惜，「只要拚命工作就能賺大錢」只不過是幻想罷了。因為工作本身並沒價值，真正有價值的是產出「工作的成果」。

　　舉例來說，假設有兩位業務員，一位連假日都在工作，卻遲遲沒有成交；另一位是天天混水摸魚，卻獲得滿手訂單。如果拿這兩個人來比較，能賺大錢的絕對是後者。這兩個人的差異，只在於簽到了多少訂單。而訂單正是將公司生產的商品或服務，盡可能兌換成高額金錢的合約，和工時長短毫無關係（※努力還是需要的）。

　　這就是勞務對價的本質，所有經濟活動皆依循這項法則運作，無一例外。

第 2 章

生活周遭的金錢

結婚、生子,然後還要養兒育女……
你我從出生到死亡,和金錢
都有著密不可分的關係。在本章當中,
我們就要來探討這些和人生息息相關的金錢開銷。

01 提早存錢的理由

金錢和你我的生活密不可分。不只要考慮怎麼花、怎麼賺和怎麼增加財富,懂得思考如何存錢,也很重要。

　　1950年代,日本男性的平均壽命約為60歲,女性約為63歲;但到了2017年,平均壽命已大幅延長,男性約為81歲,女性大約87歲(台灣情況請見附錄2-1)。也就是說,**人變得愈長壽,上了年紀之後需要用到的錢,也必然比以往增加**。年輕人固然可以精力充沛的工作,有能力賺錢;但年老體衰的長輩,就沒有能力賺錢了。因此,你我都需要存錢儲蓄,為老後預先準備。

人生有許多與金錢息息相關的大事

此外，儲蓄不只是為了累積老後資金。人生還有結婚、買房等各種**人生大事**。為了支應這些大筆開銷，必須從每個月的收入當中一點一滴的累積。附帶一提，建議各位至少要準備3到6個月的生活費。因為在日本，自願離職要等約3個月左右的時間，才會領到雇用保險發放的失業給付。（台灣情況請見附錄2-2）

One point

人生在世，不見得經常都能健康地工作。有時甚至還會發生一些出乎意料的事，例如受傷、生病等，所以建議各位一定要存錢。

結婚很花錢，對吧？

換工作

結婚

受傷

桌 遊

生小孩

買屋

雙薪家庭

養兒育女

房子要買社區大樓好，還是透天厝好？

第②章

02

理想的存錢方式

您知道一般勞工家庭有多少存款嗎？
讓我們好好學會儲蓄的基本心法與訣竅吧！

　　儲蓄固然有其必要，但也不必節儉到「在指甲上點燈」（日本諺語，原意是指不用蠟燭或油點燈，而是燃燒指尖的指甲來照明，形容非常吝嗇或貧苦的生活）那麼極端。根據日本總務省2017年度的家計調查結果，發現勞工家庭的平均儲蓄率為22.3%。（台灣情況請見附錄2-3）換言之，年收入約有二成會轉為儲蓄。**至於每月收支正好打平的人，建議最好還是以「儲蓄年收入的2成金額」為目標，把獎金收入存下來。**

重新檢視開銷

住宅費

水電瓦斯費

教育學費

置裝費

餐費

汽車相關費用

寵物費

◎ 計算收支是儲蓄的基本心法

你的收入有多少？開銷又是多少？根據目前收入，掌握支出狀況，是儲蓄時的一大關鍵。建議不妨計算一下自己實際的開銷吧！

一般認為還在養兒育女的家庭，會因為要支付餐費和教育費而難有餘力存錢。**建議各位只要在能存較多錢的階段，拉高儲蓄金額，以「平均收入的2成」為目標即可，**不必勉強一定要在這階段存錢。此外，如果想著有剩餘的收入再儲蓄，恐怕很難存到錢。儲蓄的訣竅是在有收入進帳時，先扣除存錢的部分，再用剩下的錢來支應開銷。

生涯規畫的PDCA*循環

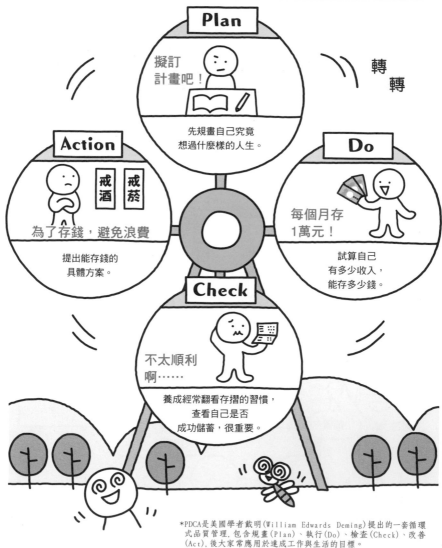

轉轉

Plan
擬訂計畫吧！
先規畫自己究竟想過什麼樣的人生。

Action
戒酒　戒菸
為了存錢，避免浪費
提出能存錢的具體方案。

Do
每個月存1萬元！
試算自己有多少收入，能存多少錢。

Check
不太順利啊……
養成經常翻看存摺的習慣，查看自己是否成功儲蓄，很重要。

*PDCA是美國學者戴明（William Edwards Deming）提出的一套循環式品質管理，包含規畫（Plan）、執行（Do）、檢查（Check）、改善（Act），後大家常應用於達成工作與生活的目標。

第❷章
03

沒錢時，各項費用務必一次付清

明明覺得自己花錢很有計畫，沒想到發薪前還是捉襟見肘……
這種時候，不妨聰明地運用信用卡吧！

　　明明發薪日就在眼前，沒想到一查銀行帳戶，卻發現餘額已經歸零。此時，信用卡能派上用場。**有些信用卡的申辦方案中，已內含可借現金的現金卡功能，不過這種借貸的利息很高，不建議各位使用**。此外，分期付款或循環信用的手續費也很貴，應特別留意。想更聰明地運用信用卡，選擇不需另付手續費的**一次付清**，才是根本之道。

信用卡的付款類型

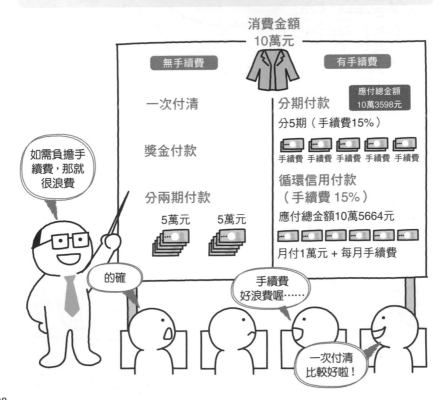

　　刷信用卡一次付清，不僅不用付手續費，還可以累積點數。以在服飾店刷卡購買1萬元衣服，並選擇一次付清為例，來說明信用卡的付款機制。**這1萬元的消費由信用卡發卡公司先墊付，但由於發卡公司會向特約商店收取手續費，所以特約商店實際上只會收到約9500～9700元。**而發卡公司收取的手續費，還有部分會化為點數，回饋給卡友。

信用卡公司的獲利機制

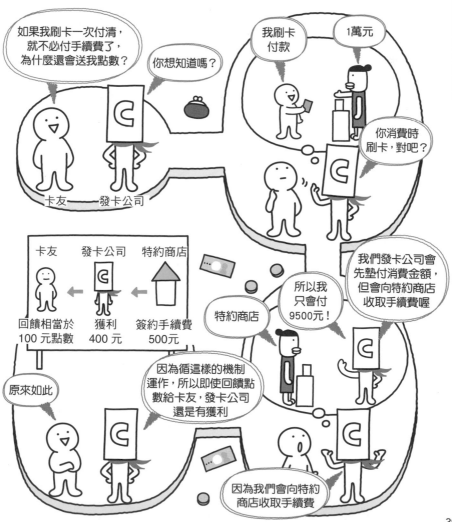

04 結婚要花多少錢？

結婚是人生大事。從婚禮到蜜月，
還有之後的生活等，卻需花費相當龐大的費用。

　　人到了一定年齡就會結婚，建立家庭。不過，近來有愈來愈多人選擇不結婚，其中有一派的意見認為，不結婚是因為「結婚要花很多錢」。經實際調查後發現，從提親、訂婚到蜜月旅行所花費的**結婚開銷**，日本全國平均為463.3萬日圓（台灣情況請見附錄2-4）。此外，為迎接婚後的新生活，新婚家庭還要添購家電、家具，甚至還要找新住處等，各項開銷還會再往上加。

結婚需要一大筆錢

訂婚
18.3 萬日圓

婚禮費用　354.8 萬日圓

婚戒
24.1 萬日圓

訂婚戒指
35.4 萬日圓

蜜月旅行
60.8 萬日圓

雙方家長見面
6.2 萬日圓

蜜月旅行伴手禮
10.9 萬日圓

恭喜！

恭喜新人！

丟捧花～

哇～

哇～

資料來源：「《皆喜》（ZEXY）雜誌 結婚趨勢調查 2017」（瑞可利 Bridal 總研）

　　婚後，原本各自安排的收支，會改為以家庭為單位來計算。若是雙薪家庭，則房租、水電瓦斯、餐費都會整合為一份，家庭開銷負擔得以減輕；要是婚後有一方不工作，家計負擔就會相當沉重。**在婚前開誠布公的討論財務狀況，了解彼此目前有多少收入，以及日後由誰管理家中收支都至關重要。**

新婚生活也要花錢

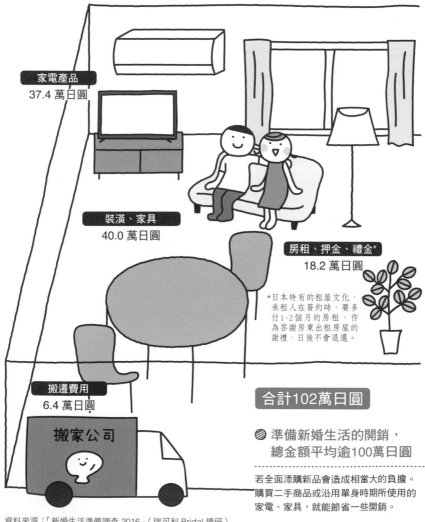

家電產品
37.4 萬日圓

裝潢、家具
40.0 萬日圓

房租、押金、禮金*
18.2 萬日圓

*日本特有的租屋文化，承租人在簽約時，要多付1-2個月的房租，作為答謝房東出租屋的謝禮，日後不會退還。

搬遷費用
6.4 萬日圓

搬家公司

合計102萬日圓

◉ 準備新婚生活的開銷，
總金額平均逾100萬日圓

若全面添購新品會造成相當大的負擔。購買二手商品或沿用單身時期所使用的家電、家具，就能節省一些開銷。

資料來源：「新婚生活準備調查 2016」（瑞可利 Bridal 總研）

05 懷孕生子要花多少錢？

懷孕生子給人一種「要花很多錢」的印象。其實政府提供了各式各樣的補助，只要了解這些制度的發放機制，就能享受更多福利。

「懷孕生子」是人生大事，也是改變家庭收支型態不容忽視的轉變期。畢竟女性隨著肚子愈來愈大，恐怕無法如常工作，所以需要重新審視家庭收支。不過，由於政府提供了多種生育的補助，所以懷孕生子其實不如想像中花錢。比方說在日本，分娩住院費可申請「生育補助」，勞工產婦則有「生育給付」、「育兒留職停薪津貼」等，補助制度相當多樣。（台灣情況請見附錄2-5）

生育期間可請領的補助或福利制度

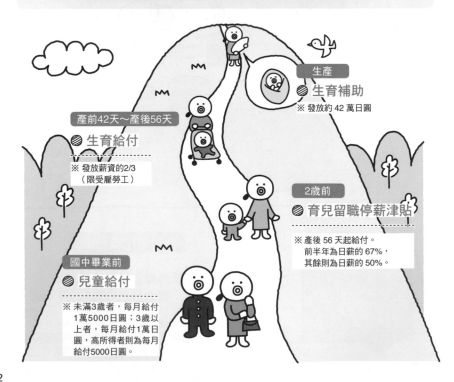

生產
◉ 生育補助
※ 發放約 42 萬日圓

產前42天～產後56天
◉ 生育給付
※ 發放薪資的2/3
（限受雇勞工）

2歲前
◉ 育兒留職停薪津貼
※ 產後 56 天起給付。
前半年為日薪的 67%，
其餘則為日薪的 50%。

國中畢業前
◉ 兒童給付
※ 未滿3歲者，每月給付
1萬5000日圓；3歲以
上者，每月給付1萬日
圓，高所得者則為每月
給付5000日圓。

至於**生產費用**的具體金額，若為正常分娩，在日本，包括分娩費和住院費在內，約為50萬日圓。不過，生育補助可領到約42萬日圓，所以個人實質負擔金額約為8萬日圓。媽媽若是受雇勞工，這筆生育補助會由健康保險組合給付，全職家庭主婦則由先生所屬的健康保險組合給付，有投保國民健康保險者，則有各地方政府支付。生育補助須主動申請才能領取，敬請特別留意。

懷孕生產方面的金錢機制

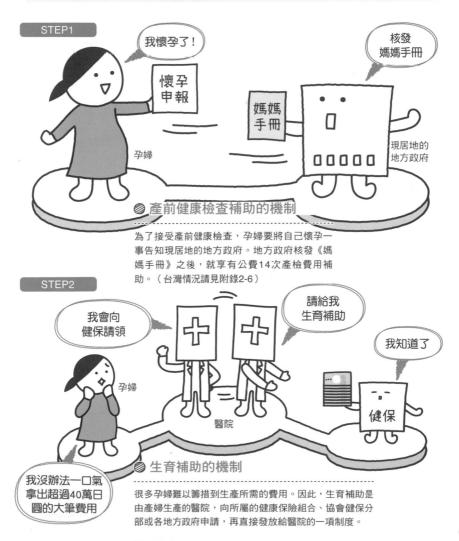

STEP1

我懷孕了！

懷孕申報

核發媽媽手冊

媽媽手冊

孕婦

現居地的地方政府

● 產前健康檢查補助的機制

為了接受產前健康檢查，孕婦要將自己懷孕一事告知現居地的地方政府。地方政府核發《媽媽手冊》之後，就享有公費14次產檢費用補助。（台灣情況請見附錄2-6）

STEP2

我會向健保請領

請給我生育補助

我知道了

孕婦

醫院

健保

我沒辦法一口氣拿出超過40萬日圓的大筆費用

● 生育補助的機制

很多孕婦難以籌措到生產所需的費用。因此，生育補助是由產婦生產的醫院，向所屬的健康保險組合、協會健保分部或各地方政府申請，再直接發放給醫院的一項制度。

第2章
06

教育要花多少錢？

要拉拔1個孩子長大成人，當然要花錢。
建議您不妨掌握花錢和存錢的階段。

供1個孩子讀到大學畢業所需的**教育費用**，固然會因為就讀公立或私立學校而有所不同，不過，據說日本平均每個人的開銷，約莫在2000萬日圓、甚至是3000萬日圓之譜。（台灣情況請見附錄2-7）假設以兩千萬日圓來計算，到孩子大學畢業前，等於每月約有7萬5000日圓的開銷。儘管養兒育女的世代，的確可領到一些政府補助，但扣除之後，算起來每個月還是要支出約6萬8000日圓。

從幼稚園到大一爲止的學費開銷

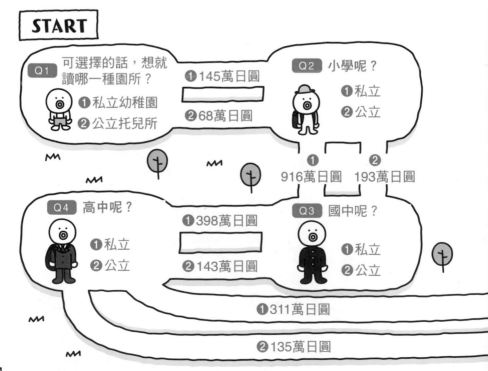

START

Q1 可選擇的話，想就讀哪一種園所？
❶ 私立幼稚園
❷ 公立托兒所

❶ 145萬日圓
❷ 68萬日圓

Q2 小學呢？
❶ 私立
❷ 公立

❶ 916萬日圓　❷ 193萬日圓

Q4 高中呢？
❶ 私立
❷ 公立

❶ 398萬日圓
❷ 143萬日圓

Q3 國中呢？
❶ 私立
❷ 公立

❶ 311萬日圓

❷ 135萬日圓

在養育小孩的過程中，就讀私立高中、專門學校或私立大學的入學金和學費，尤其花錢。**適合儲蓄教育費的時機，是在補習和社團活動開銷不多的小學時期**。不過，要是準備讓孩子就讀私立中學，那就另當別論了。他們從小學高年級就要開始補習，考取私中後，還有入學金和學費等開銷。因此，若要讓孩子就讀私立中學，存錢的時機是在小學低年級到中年級。

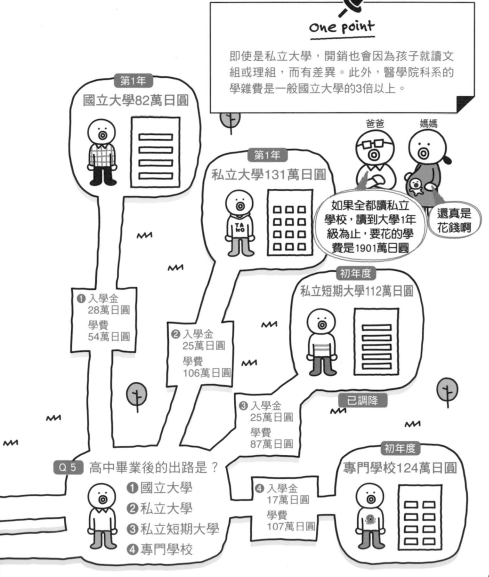

one point

即使是私立大學，開銷也會因為孩子就讀文組或理組，而有差異。此外，醫學院科系的學雜費是一般國立大學的3倍以上。

第1年
國立大學82萬日圓

第1年
私立大學131萬日圓

爸爸　媽媽

如果全都讀私立學校，讀到大學1年級為止，要花的學費是1901萬日圓

還真是花錢啊

初年度
私立短期大學112萬日圓

❶ 入學金
28萬日圓
學費
54萬日圓

❷ 入學金
25萬日圓
學費
106萬日圓

❸ 入學金
25萬日圓
學費
87萬日圓

已調降

初年度
專門學校124萬日圓

Q5　高中畢業後的出路是？
❶ 國立大學
❷ 私立大學
❸ 私立短期大學
❹ 專門學校

❹ 入學金
17萬日圓
學費
107萬日圓

第❷章
07
買、租房要花多少錢?

大家通常會說買房是「一生中買過最貴的東西」。
建議您不妨好好花時間,評估挑選方式和預算分配。

在買房前,租屋也是一個選項。自用住宅會產生稅金等維護費用,而租屋則是入住時需要支付押金、禮金,還有續約時的更新費等。租屋、買屋行情或許因地點而有差異,但我們以同樣格局試算後,可以發現買屋和租屋的費用幾乎是大同小異。不過,租屋有一個好處,就是可在家庭成員有變動時,例如趁養兒育女告一段落時換住小屋。

買屋好?租屋好?以長期花費來比較

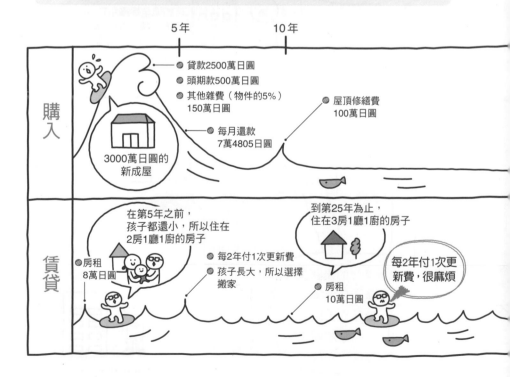

5年　10年

購入

貸款2500萬日圓
頭期款500萬日圓
其他雜費(物件的5%)150萬日圓
屋頂修繕費 100萬日圓
每月還款 7萬4805日圓

3000萬日圓的新成屋

賃貸

在第5年之前,孩子都還小,所以住在2房1廳1廚的房子

到第25年為止,住在3房1廳1廚的房子

房租 8萬日圓

每2年付1次更新費
孩子長大,所以選擇搬家

房租 10萬日圓

每2年付1次更新費,很麻煩

　　買房的關鍵，在於想住的地點和預算。此時，符合預算的物件，可能只有中古屋。**中古屋的售價固然低於新建案，但機電設備老舊，徒增維修成本，有時還不如買新建案比較划算。**此外，若考慮日後轉手出售，則一般認為社區大樓物件會比透天厝有利。

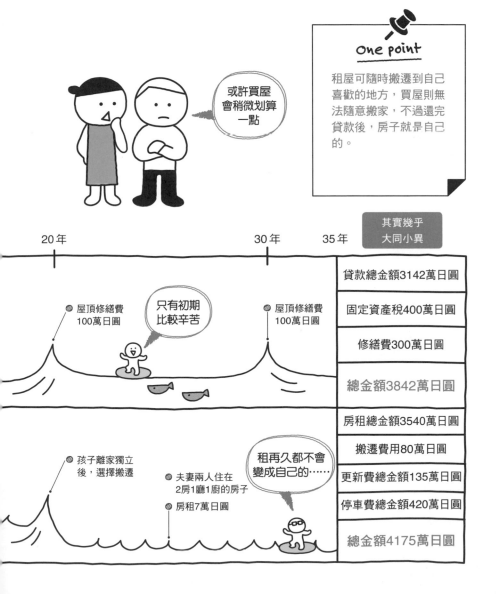

08

買、養車要花多少錢?

有車固然方便,但養車相對也很花錢。
建議各位不只要看購車本身的價格,還要考慮後續的養車費用。

在日本,購車時要繳汽車取得稅和消費稅,新領牌和驗車時則要繳汽車重量稅,車主每年還必須繳納一次「汽車稅」。此外,車主還必須投保強制汽車責任險、其他任意險、油費和停車費等,可見養車成本相當沉重。還有,汽車會有故障、車禍等各種風險(台灣情況請見附錄2-8)。因此,「不想負擔養車花費」的人,不妨評估使用共享汽車,或其他超值的租車方案。

依費用項目來比較養車花費

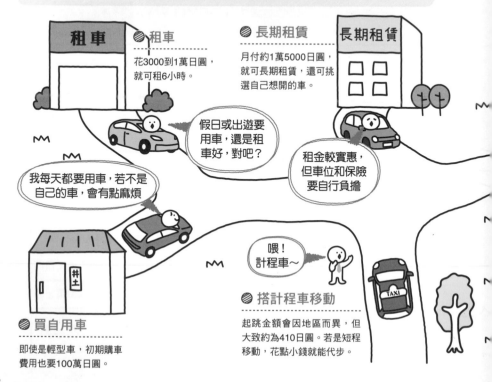

◉ **租車**
花3000到1萬日圓,就可租6小時。

◉ **長期租賃**
月付約1萬5000日圓,就可長期租賃,還可挑選自己想開的車。

假日或出遊要用車,還是租車好,對吧?

我每天都要用車,若不是自己的車,會有點麻煩

租金較實惠,但車位和保險要自行負擔

喂!計程車~

◉ **搭計程車移動**
起跳金額會因地區而異,但大致約為410日圓。若是短程移動,花點小錢就能代步。

◉ **買自用車**
即使是輕型車,初期購車費用也要100萬日圓。

買車時，究竟該買新車還是中古車，的確讓人傷腦筋。**買新車的好處，是日後轉手賣出時還能賣個好價錢**。買一輛要價300萬日圓的新車，5年後若以150萬日圓賣出，則實際購車費用就是150萬日圓。而花150萬日圓買到的中古車，若在5年後要賣出，恐怕已經沒人願意出價，說不定還會反過來被要求一筆報廢處理費。建議各位在買車時，別忘了想想將來轉手的問題。

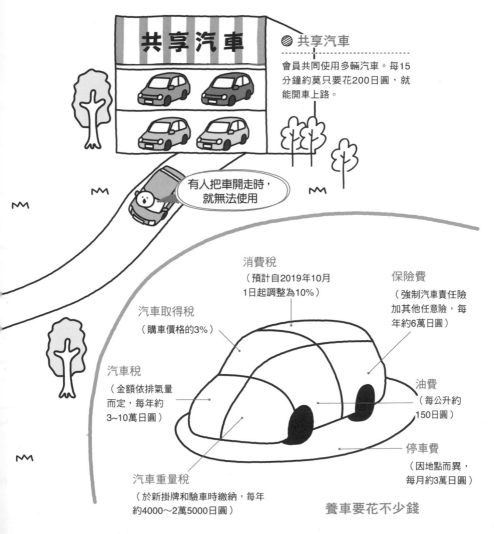

共享汽車
會員共同使用多輛汽車。每15分鐘約莫只要花200日圓，就能開車上路。

有人把車開走時，就無法使用

消費稅
（預計自2019年10月1日起調整為10%）

保險費
（強制汽車責任險加其他任險，每年約6萬日圓）

汽車取得稅
（購車價格的3%）

汽車稅
（金額依排氣量而定，每年約3~10萬日圓）

油費
（每公升約150日圓）

停車費
（因地點而異，每月約3萬日圓）

汽車重量稅
（於新掛牌和驗車時繳納，每年約4000～2萬5000日圓）

養車要花不少錢

column
No.2

利用職業訓練給付，
提升職能！

　　一般人對就業保險的印象，多半認為它是失業時的救命繩，但其實不只如此。

　　日本就業保險當中有所謂的「職業訓練給付」，只要符合一定條件，就業保險的被保險人，就可在自費參加厚生勞働大臣（Minister of Health, Labour and Welfare，相當於我國的衛福部及勞動部長）指定的職業訓練講座時請領給付，以補貼部分學費和入學金等學雜費負擔。

　　換句話說，對於在出了社會之後，仍有心力爭上游、報考證照，以便提升職能的人而言，這些制度是很強大的後盾。

　　此外，職業訓練給付制度可分為兩種：一是「一般職業訓練給付」，另一種則是「專業實務職業訓練給付」。一般職業訓練給付最高可給付10萬日圓，專業實務職業訓練給付最高則可在3年內請領168萬日圓。

　　附帶一提，符合專業實務職業訓練給付的，多達2223門課程。若想了解有哪些課程，不妨上網搜尋「厚生勞働大臣指定訓練講座」。（台灣情況請見附錄2-9）

第 3 章

工作賺錢之後
才明白的金錢機制

工作型態因人而異，五花八門，
包括正職員工、約聘員工和自由工作者等。
正因如此，每個人領取薪資報酬的方式也不一樣。
本章以「工作賺錢」為主題，來思考金錢。

第❸章 01 有幾種賺錢的方式？

賺錢最常見的方式，就是成為公司員工，進入企業任職。
不過，除此之外，還有很多賺錢的方法。

　　社會上有各式各樣的工作，而賺錢的方式也各不相同。不過，若以大方向來區分，**工作型態**可分為三種類型：第1種是賺固定月薪或年薪；第2種是依工時長短，賺取時薪或日薪；第3種則是根據銷售量或訂單數量等績效表現來賺取收入。**多數上班族都屬於第一種，也就是領月薪或年薪，可說是最穩定的賺錢方法。**

待遇因勞動型態而有所不同

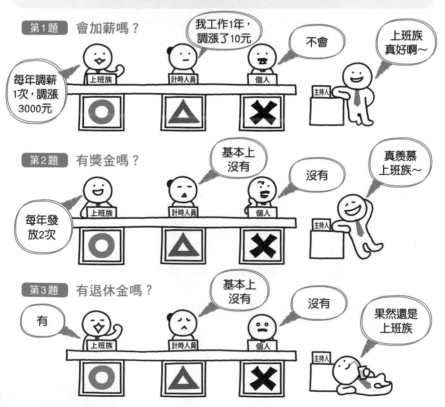

第1題 會加薪嗎？
我工作1年，調漲了10元
不會
上班族真好啊～
上班族
計時人員
個人
主持人
每年調薪1次，調漲3000元

第2題 有獎金嗎？
基本上沒有
沒有
真羨慕上班族～
上班族
計時人員
個人
主持人
每年發放2次

第3題 有退休金嗎？
基本上沒有
沒有
果然還是上班族
有
上班族
計時人員
個人
主持人

採取時薪制或日薪制的工作，多半是工讀生、計時人員和派遣員工。**儘管他們的收入因工時或天數拉長而增加，但相較於上班族，薪資還是偏低**。此外，收入只依工作績效而變動，與工時長短無關的做法，則稱為績效薪。自由工作者、自營業者就是屬於這一類。這個族群只要實力夠堅強，就可望賺得高收入，但就工作賺錢的型態而言，它其實是最不穩定的。

想拉抬收入，最好常跳槽？

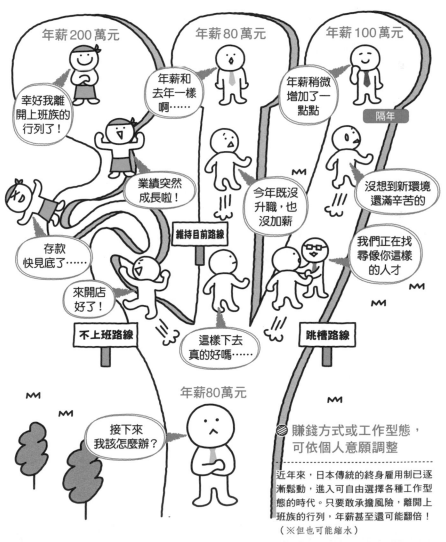

年薪200萬元

幸好我離開上班族的行列了！

年薪80萬元

年薪和去年一樣啊……

年薪100萬元

年薪稍微增加了一點點

隔年

業績突然成長啦！

今年既沒升職，也沒加薪

沒想到新環境還滿辛苦的

維持目前路線

我們正在找尋像你這樣的人才

存款快見底了……

來開店好了！

不上班路線

這樣下去真的好嗎……

跳槽路線

年薪80萬元

接下來我該怎麼辦？

賺錢方式或工作型態，可依個人意願調整

近年來，日本傳統的終身雇用制已逐漸鬆動，進入可自由選擇各種工作型態的時代。只要敢承擔風險，離開上班族的行列，年薪甚至還可能翻倍！

（※但也可能縮水）

02 當上班族有哪些優、缺點？

當上班族是賺錢最好的選項嗎？讓我們想一想這種賺錢方式有哪些優、缺點吧！

　　上班族只要進入公司任職，就能賺得穩定的收入。企業提供的福利很優沃，有些公司甚至還會視業績狀況發放獎金——乍看之下，當個上班族可說是百利而無一害，但其實它不只有優點，也有缺點。首先，上班族領固定薪水，所以即使拿出亮眼績效，薪水也不見得會有相對的成長。換言之，**上班族即使為了公司創造了上億的獲利，收入還是可能凍漲。**

各年齡層上班族的平均年薪

（台灣情況請見附錄3-1）

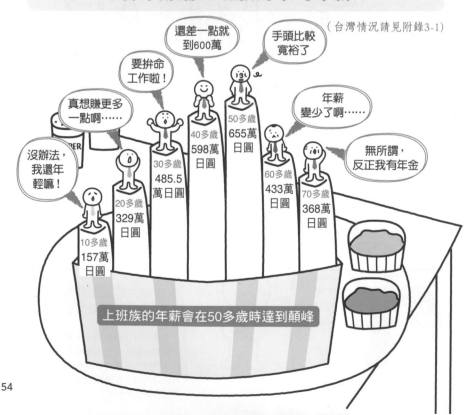

還差一點就到600萬

手頭比較寬裕了

要拚命工作啦！

真想賺更多一點啊……

年薪變少了啊……

沒辦法，我還年輕嘛！

無所謂，反正我有年金

10多歲 157萬 日圓

20多歲 329萬 日圓

30多歲 485.5 萬日圓

40多歲 598萬 日圓

50多歲 655萬 日圓

60多歲 433萬 日圓

70多歲 368萬 日圓

上班族的年薪會在50多歲時達到顛峰

此外，**上班族必須遵循公司方針。有些企業可能會要求員工轉調到二、三線城市，導致員工被迫和家人分隔兩地**。若不服從，則構成「違反職務命令」，會受公司懲處。還有，萬一公司業績衰退，開始裁員，或甚至業績跌落谷底，破產倒閉時，上班族也有可能突然失去工作。

各產業的薪資差異（月薪）

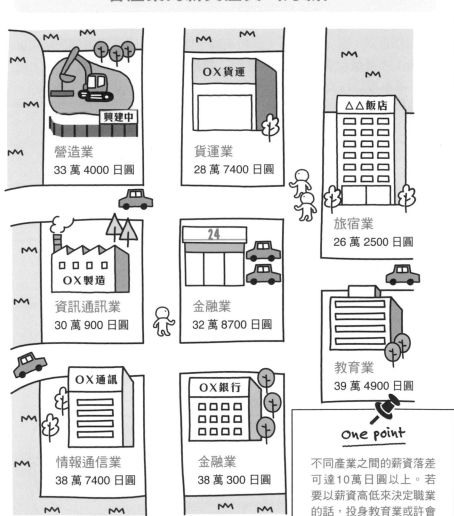

營造業
33 萬 4000 日圓

貨運業
28 萬 7400 日圓

OX貨運

△△飯店

旅宿業
26 萬 2500 日圓

OX製造
資訊通訊業
30 萬 900 日圓

24
金融業
32 萬 8700 日圓

教育業
39 萬 4900 日圓

OX通訊
情報通信業
38 萬 7400 日圓

OX銀行
金融業
38 萬 300 日圓

one point

不同產業之間的薪資落差可達10萬日圓以上。若要以薪資高低來決定職業的話，投身教育業或許會是最好的選擇。（台灣情況請見附錄3-2）

第❸章
03

薪資、獎金的發放機制

每個月發放的薪資和每年發放數次的獎金，是上班族工作最大的樂趣。快來看看它們的發放機制吧！

　　在公司上班的勞工，每到發薪日就會領到**薪資**單。這時，你該確認兩個重點：首先是**本薪、延時工資、休假日加班等薪資的「給付」項目；接著是社會保險和稅金等「扣除」項目**。薪資單既然有人經手，就不可能沒有半點差錯。建議各位要確認公司給付了哪些項目，以及扣除了哪些項目。

薪資從哪裡來？

有些**獎金**發放次數較多的企業，員工1年可領到3次。**儘管獎金會依員工的工作績效和公司業績狀況發放，但在法律上，民間企業並沒有發放獎金的義務**。不過，很多公司會在勞動契約或工作規則上，明訂獎金發放事宜。再者獎金和薪資一樣，都有給付和扣除項目，例如健保費、勞退和勞保費等，都會從獎金中扣除，因此實際領到的金額會變少，要特別留意。

薪資單該怎麼看？

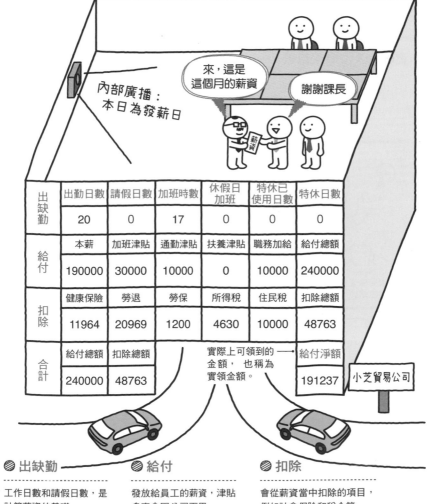

內部廣播：本日為發薪日

來，這是這個月的薪資

謝謝課長

出缺勤	出勤日數	請假日數	加班時數	休假日加班	特休已使用日數	特休日數
	20	0	17	0	0	0

給付	本薪	加班津貼	通勤津貼	扶養津貼	職務加給	給付總額
	190000	30000	10000	0	10000	240000

扣除	健康保險	勞退	勞保	所得稅	住民稅	扣除總額
	11964	20969	1200	4630	10000	48763

合計	給付總額	扣除總額				給付淨額
	240000	48763				191237

實際上可領到的金額，也稱為實領金額。

小芝貿易公司

◎出缺勤

工作日數和請假日數，是計算薪資的基礎。

◎給付

發放給員工的薪資，津貼多寡會因公司而異。

◎扣除

會從薪資當中扣除的項目，例如社會保險和稅金等。

第3章
04

當自由工作者有哪些優、缺點？

他們不受企業的規則約束，業務推動全都由自己做主，但缺點也很多。

自由工作者未受公司聘雇，以個人身分賺錢。它的迷人之處，在於工作時間和假日可自行決定，依自己的步調工作，自由度相當高。此外，它沒有退休年齡限制，想工作到幾歲都可以。只要有幹勁和能力，還可望日進斗金。況且**上班族只能領取固定金額的薪資，自由工作者的收入沒有天花板**。

如何成為自由工作者？

我想在家裡開設美甲沙龍！

展開事業時，須向國稅廳提出申請。①

沒想到還滿簡單的嘛！

國稅廳

② 至國稅廳官方網站下載營業登記申請表。

寄出……③

依規定應於開業1個月內提出申請。
（台灣情況請參考附錄3-3）

④

這樣一來，我也躋身創業家的行列囉！

成為自由工作者不需任何手續費或費用。

不過，由於自由工作者的收入時好時壞，所以金融機構會認為，他們的信用程度遠不如收入穩定的上班族。因此，**自由工作者申請房貸等貸款時，有時較不易通過審核，就算有意購買透天厝或社區大樓也無法如願**。此外，自由工作者可投保的社會保險較少，建議各位最好自行為急難時預做準備。

要是業績成長了，下一步該怎麼走？

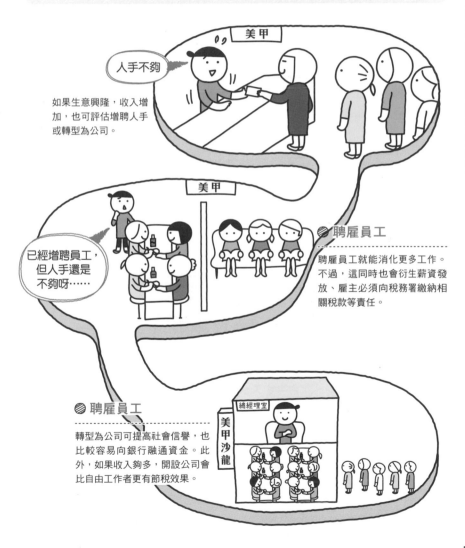

人手不夠

美甲

如果生意興隆，收入增加，也可評估增聘人手或轉型為公司。

已經增聘員工，但人手還是不夠呀……

美甲

聘雇員工

聘雇員工就能消化更多工作。不過，這同時也會衍生薪資發放、雇主必須向稅務署繳納相關稅款等責任。

聘雇員工

轉型為公司可提高社會信譽，也比較容易向銀行融通資金。此外，如果收入夠多，開設公司會比自由工作者更有節稅效果。

總經理室

美甲沙龍

05 自由工作者的必要費用怎麼算？

自由工作者實質上就等於是獨自經營一家公司，可透過自行申報的方式來節稅。

在日本，自由工作者除了要繳住民稅和所得稅之外，還要繳納名叫「個人事業稅」（類似台灣針對小規模營業人的營利事業所得稅規範）的稅金。不過，營業所得在290萬日圓以下者，毋須繳納這筆稅款。而經營事業的開銷與收入，則需要進行**所得稅申報**。自由工作者要記錄1月1日至12月31日——也就是一年當中的費用與所得等收支，並於下一年的3月15日前，向稅務署申報。（台灣情況請參考附錄3-4）

自由工作者的所得愈多，要繳的稅也愈多

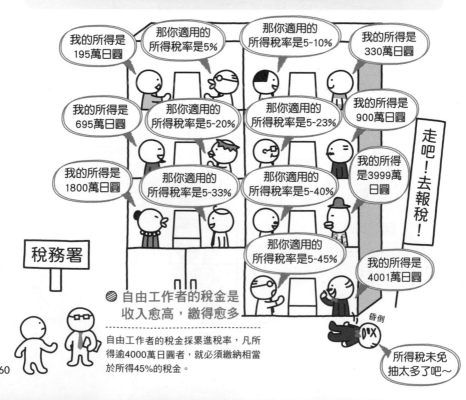

我的所得是195萬日圓

那你適用的所得稅率是5%

那你適用的所得稅率是5~10%

我的所得是330萬日圓

我的所得是695萬日圓

那你適用的所得稅率是5~20%

那你適用的所得稅率是5~23%

我的所得是900萬日圓

我的所得是1800萬日圓

那你適用的所得稅率是5~33%

那你適用的所得稅率是5~40%

我的所得是3999萬日圓

走吧！去報稅！

稅務署

那你適用的所得稅率是5~45%

我的所得是4001萬日圓

● 自由工作者的稅金是收入愈高，繳得愈多

自由工作者的稅金採累進稅率，凡所得逾4000萬日圓者，就必須繳納相當於所得45%的稅金。

昏倒

所得稅未免抽太多了吧～

自由工作者可列舉的必要費用項目很多，所以可省下不少應繳稅額。比方說，若是在家中開業，部分房租和水電瓦斯費都可列計為費用。此外，上網的連線費和行動電話等通訊費，也都可列為必要費用。不過，與營業相關的開銷才可列為費用，**將私人開銷列為費用是涉及逃漏稅的行為，應特別留意。**

自由工作者的輔導制度

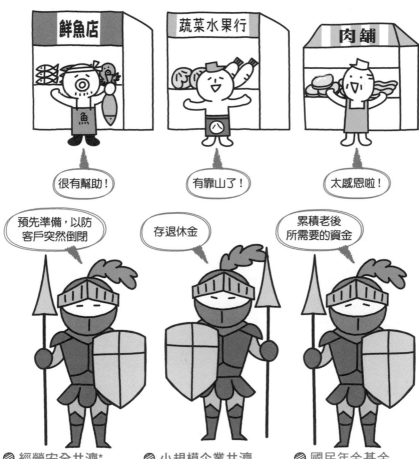

鮮魚店　　　　蔬菜水果行　　　　肉舖

很有幫助！　　　有靠山了！　　　太感恩啦！

預先準備，以防客戶突然倒閉　　　存退休金　　　累積老後所需要的資金

◉ **經營安全共濟***

月繳5千~20萬日圓，就能借到需要的資金。

◉ **小規模企業共濟**

每月提撥1000~7萬日圓，退休或歇業時就能領回一筆錢。

◉ **國民年金基金**

需要有最低投保，投保內容可自由搭配。屆時可領取的金額會因投保型態而有所不同。

*類似保險的概念，同組織或地區所屬個人，平常繳納小額費用，當發生意外時，提供眾人累積的金錢援助。類似台灣的「警察人員互助共濟」組織。

第❸章 06

改革工作方式，讓找副業變簡單！

保險費和稅金年年調漲，上班族實領到手的收入愈來愈少。
為了確保新的收入來源，副業成了備受上班族關注的議題。

　　早期日本上班族採取所謂的「年功序列制」，年資愈久，薪水自然就節節高升。然而，在景氣持續低迷、社會環境變化等因素的影響下，上班族愈來愈難期待加薪。既然加薪無望，於是上班族紛紛動起了爭取賺錢機會的念頭。附帶一提，若個人全年副業收入超過20萬日圓，就會列入所得稅的課稅範圍。（台灣情況請參考附錄3-5）

現在就能開始進行的副業案例

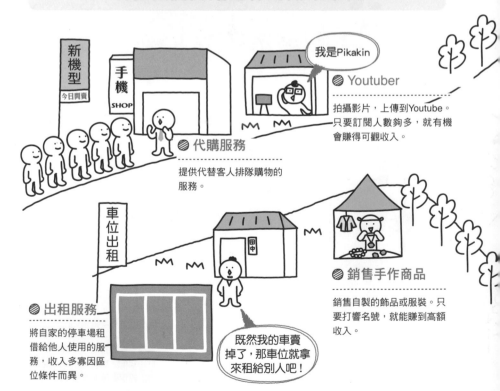

我是Pikakin

◉ Youtuber
拍攝影片，上傳到Youtube。只要訂閱人數夠多，就有機會賺得可觀收入。

◉ 代購服務
提供代替客人排隊購物的服務。

◉ 銷售手作商品
銷售自製的飾品或服裝。只要打響名號，就能賺到高額收入。

◉ 出租服務
將自家的停車場租借給他人使用的服務，收入多寡因區位條件而異。

既然我的車賣掉了，那車位就拿來租給別人吧！

2018年，日本厚生勞働省擬訂了一套「副業、兼職促進指引」。以往副業、兼職在日本社會的形象較為負面，如今卻由政府主導，積極推動。會出現這樣轉變的背景因素在於：少子高齡化急遽發展，造成勞動力短缺。儘管現階段開放員工從事副業、兼職的企業還不多，但日後企業可能會透過這樣的方式，網羅優秀人才或擴大事業版圖。

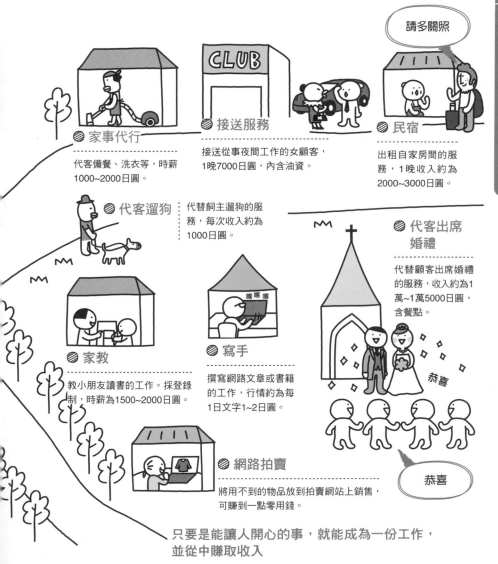

● 家事代行
代客備餐、洗衣等，時薪1000~2000日圓。

● 接送服務
接送從事夜間工作的女顧客，1晚7000日圓，內含油資。

● 民宿
請多關照
出租自家房間的服務，1晚收入約為2000~3000日圓。

● 代客遛狗
代替飼主遛狗的服務，每次收入約為1000日圓。

● 代客出席婚禮
代替顧客出席婚禮的服務，收入約為1萬~1萬5000日圓，含餐點。

● 家教
教小朋友讀書的工作。採登錄制，時薪為1500~2000日圓。

● 寫手
撰寫網路文章或書籍的工作，行情約為每1日文字1~2日圓。

恭喜

恭喜

● 網路拍賣
將用不到的物品放到拍賣網站上銷售，可賺到一點零用錢。

只要是能讓人開心的事，就能成為一份工作，並從中賺取收入

上班族別陷入
黑心企業的陷阱

　　上班族只要每個月消化一定程度的工作，就能在指定日期領到月薪。「自由工作者儘管時間自由、個人權限較大，但要說穩定的話，上班族絕對占上風！」我很想這麼說，但很多上班族的工作環境似乎又不是這麼一回事。

　　2013年12月，厚生勞働省實地深入疑似黑心企業的公司，調查並公布了違法的狀況。這項調查有5111個營業處接受查核，其中有82%都涉及違法要求員工於非正常上班時間工作、免費加班等，甚至還發現有員工每月常態性的加班超過100小時，好幾個月都回不了家等，問題都一一浮上檯面。

　　企業是追求獲利的團體，這一點並沒有錯。不過，企業要求員工提供勞務時，還是必須遵循工作方式的相關規範才行。

　　另外，公司和人一樣，都有各自不同的特質。建議各位在挑選公司時，宜審慎為之。

第 4 章

認識銀行的
金錢機制

銀行經手了企業、家庭的金錢出入，
是支撐你我經濟活動運作的重要據點。
本章要探討銀行機制究竟為何，
與它們做了什麼事。

01

金融究竟是怎麼一回事？

或許只有很少數的人，在學校教育階段學過理財知識。首先，讓我們先來說明什麼是「金融」。

「**金融**」是「資金融通」的簡稱，也就是有多餘資金的人，融通給欠缺資金的人。**而金融又可分為「直接金融」和「間接金融」兩大類**。一般大家比較熟悉的是間接金融，而其中最具代表性的例子，就是「銀行存款」。銀行把存款人寄存的資金融通給企業，藉以從中獲利。

直接金融與間接金融

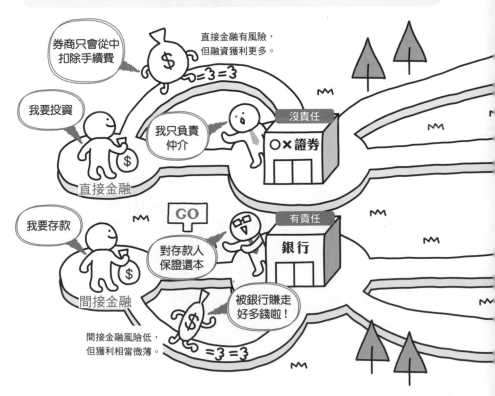

換言之，這種金融形式是銀行當存款人與企業之間的仲介，所以稱為間接金融。直接金融則是資金所有人直接融通給企業，不透過銀行，也就是所謂的「投資」。**或許有些人會認為，投資要透過券商中介，所以並非「直接」，但券商只負責仲介，對投資績效不負任何責任**；而銀行存款則會保證還本。所以一派看法認為，金融的分類應以責任歸屬為直接或間接來判斷。

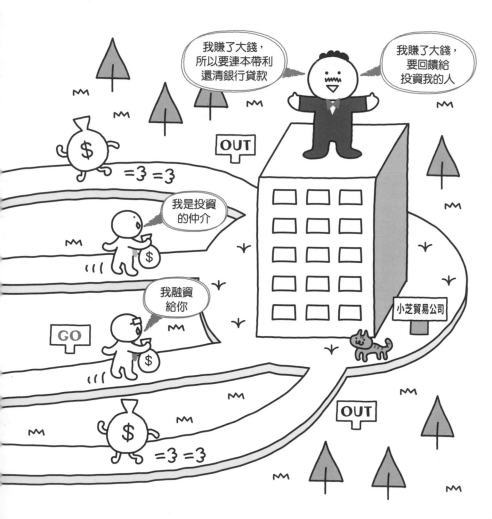

02 銀行是經濟的命脈

你我經常存款、取款,使用銀行的服務。其實除了存、取款之外,銀行還有各式各樣的功能。

銀行是間接金融最具代表性的推手。將資金貸款給企業,是銀行很重要的功能之一。這就是所謂的「金融仲介功能」,堪稱為**銀行的三大功能之一**。而第二項功能則是「信用創造功能」,它是指銀行在反覆借貸資金的過程中,為所有銀行機構**創造出存款貨幣,且金額會較當初收受的存款還多出好幾倍**。

銀行有三大功能

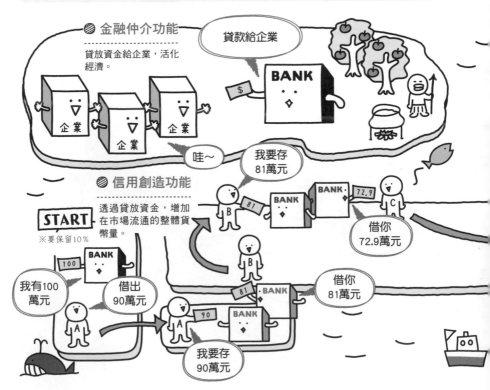

◉ 金融仲介功能
貸放資金給企業,活化經濟。

貸款給企業

BANK

$

企業 企業 企業

哇～

我要存81萬元

BANK 72.9

借你72.9萬元

◉ 信用創造功能
透過貸放資金,增加在市場流通的整體貨幣量。

START
※要保留10%

我有100萬元

100

BANK

借出90萬元

借你81萬元

81 BANK

90

BANK

我要存90萬元

銀行的第三個功能是「支付功能」。只要銀行裡有存款，就可以透過轉帳匯款，或者支付公用事業費用，不必動用現金——這就是支付功能。**銀行不只具備這三大功能，還必須確保這三大功能的運作安全無虞。**如果民眾不信任銀行，就不會再有人願意存款，那麼經濟就無法正常運作了。

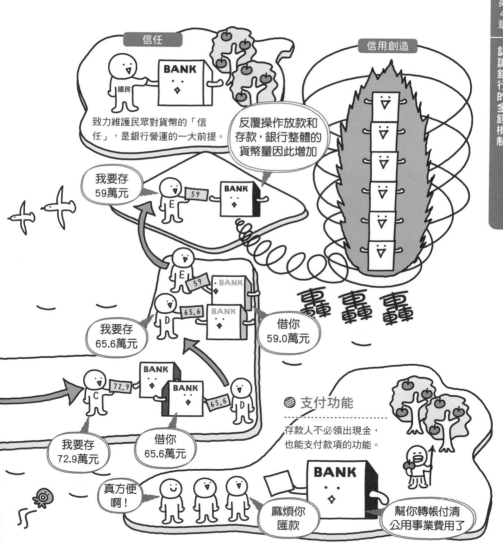

信任

國民

致力維護民眾對貨幣的「信任」，是銀行營運的一大前提。

反覆操作放款和存款，銀行整體的貨幣量因此增加

信用創造

我要存59萬元

BANK

59

E

E　59

BANK

D　65.6　BANK

借你59.0萬元

我要存65.6萬元

轟　轟　轟

BANK

C　72.9　BANK

BANK　65.6　D

◉ 支付功能

存款人不必領出現金，也能支付款項的功能。

我要存72.9萬元

借你65.6萬元

真方便啊！

麻煩你匯款

BANK

幫你轉帳付清公用事業費用了

銀行有哪些不同類型？

銀行是你我生活中不可或缺的要角。要妥善運用銀行業務，就要先掌握它們各自不同的特色與服務。

銀行有好幾種不同的類型。比方說，在日本全國各地都有分行，其中又以都會區為主要服務範圍者，我們稱之為「都市銀行」；而總行設在各縣的縣政府所在地，並於周邊地區開設分行者，我們稱之為「地方銀行」。再者，還有兼具郵局功能的「郵儲銀行」，以及主攻電腦、手機服務的「網路銀行」等。此外，信用金庫、信用合作社雖然嚴格說來不是銀行，但也屬於一種類別。

琳瑯滿目的銀行

這種溫馨的氣氛很不錯

您好！

地方銀行　銀行融資　都市銀行

比銀行容易核准貸款通過

BANK

喔！您好！

我們一家三代都承蒙地方銀行關照

多家分行遍布全國各地

還可兼辦郵局業務

信用合作社　信用金庫　郵儲銀行

人不住在營業範圍內，就無法使用它的服務

資金和土地都可以交給他們管理，幫了我大忙

去寄信順便領錢吧！

遍布各處，領錢很方便

信託銀行　流通業銀行

資產的運用和管理，我們都能提供協助

主要服務是ATM

如此琳瑯滿目的各種類銀行，如果站在消費者觀點來選擇的話，建議各位把「方便性」放在最優先考量。考量重點則是要看看住家和工作地點附近，是否有該金融機構的分行或ATM。到銀行辦事時還要轉乘電車或公車，絕對是時間和金錢的浪費。此外，近來日本還有所謂的「流通業銀行」，在便利商店裡也設有ATM，使用缺點是會收取手續費。

在自己的活動範圍內，挑選銀行

車站裡也有ATM，真方便

只要公司同意，最好薪資轉帳也用同一個帳戶，使用更方便

如果公司附近也有據點，那就太好了！

STATION

公司

BANK

便利商店的ATM要多扣手續費，還是算了

離住家很近，很方便

非營業時間也免收手續費喔～

BANK

STATION

如果離住家最近的車站也有據點，那就更好了

BANK

住家

04 何謂網路銀行？

近年來，無現金化愈來愈普及。有時使用網路銀行服務，比傳統銀行來得更划算。

網路銀行可透過網路進行交易。只要有電腦或智慧型手機，就能隨時隨地確認存款餘額、匯款轉帳等，非常方便。不僅如此，**使用網路銀行服務，有時比傳統銀行的窗口或ATM更划算，例如存款利息較高、手續費較低等**。目前幾乎所有銀行都已開設網路銀行服務，還沒有帳戶的人，不妨開戶試試吧！

網路銀行和傳統銀行的差異

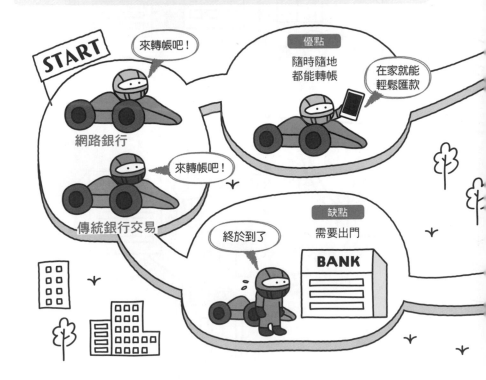

網路銀行有一件事做不到，那就是將現金存入帳戶或領出現金。此外，網路銀行為確保交易安全，會請用戶設定確認本人身分用的ID和密碼後再使用。一旦忘記ID或密碼，用戶就無法進行交易，故需特別留意。附帶一提，**使用每隔一段時間就會變更的「動態密碼」（one time password, OTM），已是網路銀行的常態。**

◉ 輕鬆方便是
　網路銀行最大的魅力

無法提領現金是一大缺點，但只要資安夠完善，用起來保證方便順手。

第④章
05

中央銀行是什麼機構？

在新聞報導上，經常可以看到或聽到「中央銀行」一詞。在你我的生活當中，中央銀行是個有些陌生、難以想像的機構。它究竟是一家什麼樣的銀行？

　　各國銀行都有堪稱總部的機構，也就是政府的中央銀行。在日本，中央銀行的名稱是「**日本銀行**」。中央銀行負責發行、管理貨幣，並調節國家的貨幣流通量。此外，中央銀行又被稱為「銀行的銀行」，各國市場上各家銀行都在中央銀行有活期存款，以便辦理銀行間的支付清算業務。**中央銀行是發展、穩定日本經濟最不可或缺的銀行，卻不是政府機關**。（台灣的中央銀行情況，請見附錄4-1）

中央銀行的三大功能

其實各國政府也會使用中央銀行的服務。政府在中央銀行設有帳戶，向你我課徵的稅，最後都會匯集到中央銀行。此外，中央銀行還提供替政府處理行政事務，所以也稱為「政府的銀行」。一般的銀行負責辦理個人存款或借貸業務，但中央銀行並沒有這些業務窗口服務。儘管我們沒有機會直接使用中央銀行的服務，但它對你我的生活握有舉足輕重的影響力。

第4章
06

何謂非銀行金融機構？

在財經新聞當中，不時會看到「非銀行」一詞。這裡要來說明它究竟屬於什麼行業，以及具備什麼架構。

非銀行金融機構並不辦理銀行的存款業務，而是處理放款業務的機構。不過它不能像銀行那樣，承做20、30年期的長期貸款，而且**客戶貸款的金額，不得超過年收入三分之一，也就是有所謂「總量管制」的規定**。換言之，年收入600萬日圓的客戶，貸款上限金額為200萬日圓。另外，非銀行金融機構的核貸、放行很快，有些業者最快只要30分鐘，就可以讓客戶借到錢。

非銀行金融機構的貸款上限，是年收入的1/3

非銀行金融機構的好處，是採取「循環型信用貸款」機制。在銀行貸款時要告知資金的用途，而非銀行金融機構就沒有這樣的要求。民眾往往認為它隨借隨用、不限資金用途，簡直是百利而無一害，但其實也有缺點。**由於非銀行金融機構要承擔呆倒帳的風險，因此利息比銀行高出一大截，大多數業者都設定在貼近約定貸款利率上限的水準。**

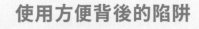

使用方便背後的陷阱

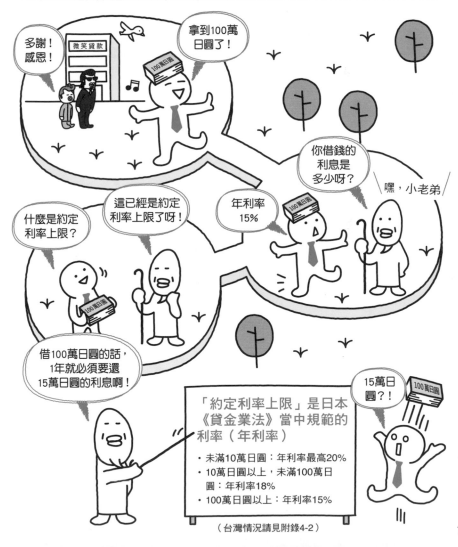

（台灣情況請見附錄4-2）

第❹章
07

承保醫療險和壽險的也是金融機構？

金融機構的主要業務是貨幣供給、仲介，但保險公司也屬於金融機構。我們將在第9章中探討保險，這裡先試著從不同的觀點來看看吧！

　　說到金融機構，通常大家想到的是銀行，其實保險公司也是「金融機構」家族的一員。保險公司向保戶收取保費之後，並不是把錢存起來準備隨時理賠，而是拿去投資理財，賺取投資獲利。其實**保險會設定10年、20年這麼長的繳費年期，一方面也是因為保險公司必須用這些資產來做穩定的長期投資**。

民間保險公司的營運機制

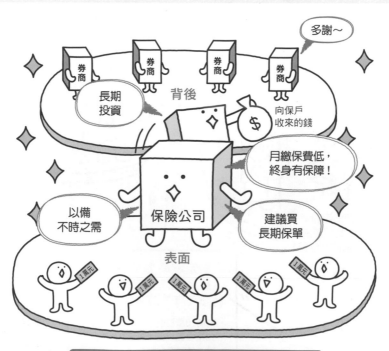

我們每個月繳交的保險費都被拿去投資

「要是很多保戶生病、受傷，保險公司不會倒閉嗎？」各位大可不必擔心。常有人說保險公司在「**大數法則**」之下得以存在。根據統計，只要我們在毫無限制的狀態下不斷擲骰子，那麼任一面出現的機率都會趨近六分之一。**而我們也從統計上，得知人身故的機率是一樣的。**因此，保險公司的所有保單商品，都一定有獲利。

保險公司不會倒閉

製作偽鈔
是嚴重犯罪

　　可發行國家貨幣的，就只有中央銀行。在日本每年都會有人因為使用影印機做偽鈔而落網被捕。偽造貨幣是犯罪行為，法定刑期為「無期徒刑或3年以上有期徒刑」，和「擄人勒贖」、「強制性交猥褻而致死傷」相同，所以是相當嚴重的重罪。（台灣情況請見附錄4-3）

　　為什麼偽造貨幣的刑責會這麼重？因為貨幣的信用由政府擔保，製作偽鈔儼然已是一種反抗政府的行為。即使有人盜印1000元鈔券，而且花用這張假鈔對他人所造成的損失金額未達1000元，偽造貨幣也不是只論情節輕重就能解決的問題。

　　附帶一提，鈔券上做了各種防偽措施，所以光是影印，根本做不出偽鈔──直接影印會印成一片黑，若是用商家裡的機器影印，還會發出警報聲，建議千萬不要輕易嘗試。

第 5 章

「景氣好」
究竟是什麼意思？

景氣好

很多人都說最近「景氣好」。
要是薪水三級跳，還不難理解是怎麼回事，
但你我實在很難切身感受到景氣究竟哪裡好。
本章要來探討社會的「景氣」概念。

第❺章
01

景氣究竟是指？

你我手邊或多或少都有一些錢。如果從宏觀角度來看「金錢」，就會發現它其實有時動、有時靜，就像活的生物一樣。

很多人都說這幾年「景氣好」，但「**景氣**」究竟是什麼呢？**所謂的景氣，如果用很簡單的方式來說明，那麼指的就是金錢的流動**。景氣好表示金錢的流動順暢活絡，薪水節節高升，民眾大肆消費。如此一來，政府也會收到很多稅金，於是整個國家的財政就會豐沛寬裕。反之，當景氣不好時，商品會滯銷，甚至薪資還縮水，導致整個國家經濟急凍。

景氣好壞會影響國家的經濟

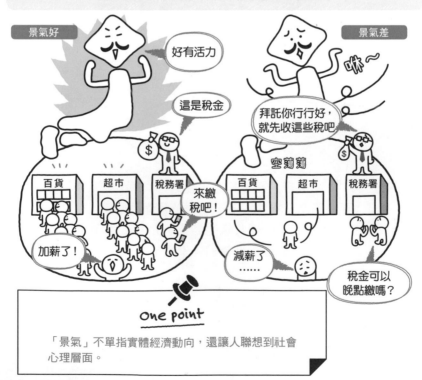

景氣好

好有活力

這是稅金

百貨　超市　稅務署

來繳稅吧！

加薪了！

景氣差

咻～

拜託你行行好，就先收這些稅吧

空蕩蕩

百貨　超市　稅務署

減薪了……

稅金可以晚點繳嗎？

one point

「景氣」不單指實體經濟動向，還讓人聯想到社會心理層面。

不過，**景氣好就一定對國家好嗎？其實並不盡然**。從昭和到平成年間，日本經歷了所謂的景氣泡沫，呈現景氣過熱的狀態。當時究竟發生了什麼事呢？很多人用手邊的閒錢到處收購土地，造成地價飆漲到瘋狂的地步。當時社會上也因為地價太貴，而出現上班族家庭買不起房的情況。

景氣太好也很令人頭痛

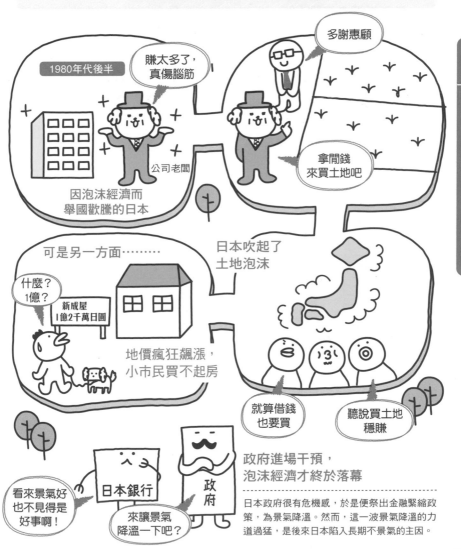

1980年代後半

賺太多了，真傷腦筋

多謝惠顧

因泡沫經濟而舉國歡騰的日本

公司老闆

拿閒錢來買土地吧

可是另一方面………

什麼？1億？

新成屋
1億2千萬日圓

地價瘋狂飆漲，小市民買不起房

日本吹起了土地泡沫

就算借錢也要買

聽說買土地穩賺

看來景氣好也不見得是好事啊！

日本銀行

來讓景氣降溫一下吧？

政府

政府進場干預，泡沫經濟才終於落幕

日本政府很有危機感，於是便祭出金融緊縮政策，為景氣降溫。然而，這一波景氣降溫的力道過猛，是後來日本陷入長期不景氣的主因。

第❺章
02

何謂消費者信心指數？

「景氣回春」、「景氣惡化」等，是你我在新聞報導中耳熟能詳的詞彙。而將這樣的景氣變動化為數值，就形成景氣指標。

　　景氣指標有三種。第一是早於景氣變動之前的「領先指標」，它堪稱是景氣好轉的前兆。比方說機器設備的接單量，就被當成領先指標。因為企業只要導入機器設備，產量就會增加，進而帶動在市面上流通的商品數量，營收和消費成長可期，景氣也就隨之轉好。再者，「新增求才人數」也是基於同樣的原因，而被視為景氣領先指標。

以三種指標探究景氣動向

嘿咻

嘿咻

要導入新型設備了喔！

釋出徵才資訊了嗎？

徵才

● **領先指標**

比實際景氣動向更早開始波動的指標，例如機器設備導入、人力雇用等。

當景氣轉好，企業之間的互動轉趨頻繁時，批發業的銷售額和商品的出貨量也會隨之增加。這種和景氣動向同步呈現變動的指標，就是「同時指標」。最後一項則是「落後指標」，用於事後確認前兩項指標。比方說營利事業所得稅的稅收，就是其中的一個例子——**因為新增人力雇用和導入機器設備，若能成功推升營收，企業繳納的營利事業所得稅也會隨之增加。**

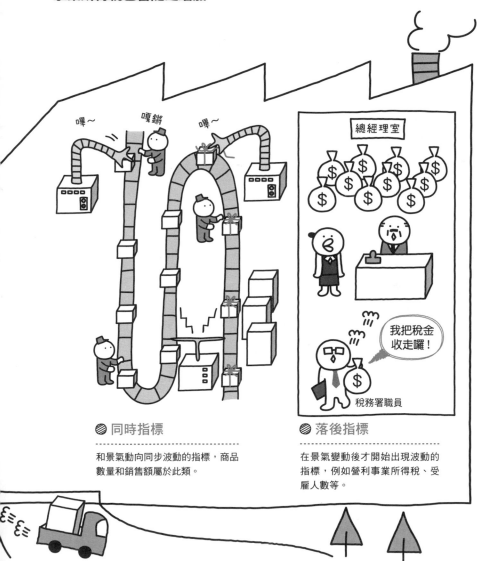

我把稅金收走囉！

稅務署職員

◉ 同時指標

和景氣動向同步波動的指標，商品數量和銷售額屬於此類。

◉ 落後指標

在景氣變動後才開始出現波動的指標，例如營利事業所得稅、受雇人數等。

想了解通貨膨脹、通貨緊縮的含義

比方說去年賣100元的飲料，今年要賣110元。這種物價上漲的情況，我們稱為通貨膨脹；反之，物價下跌的現象，叫做通貨緊縮。

所謂的「**通貨膨脹**」現象，是用來表示社會處於物價上漲，也就是貨幣貶值的狀態。比方說以往買一瓶罐裝果汁只要100元，如今卻漲到110元。罐裝果汁的價格上漲，反過來說，就等於是金錢的價值縮水了。不過，**原則上只要經濟成長，就會出現通貨膨脹**。所以常有人說「以前的物價真便宜」，其實這很理所當然。

通貨膨脹現象很自然

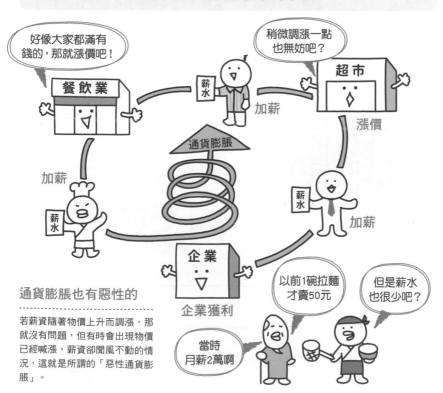

好像大家都滿有錢的，那就漲價吧！

餐飲業

加薪

薪水

通貨膨脹

企業

企業獲利

稍微調漲一點也無妨吧？

薪水

加薪

超市

漲價

薪水

加薪

通貨膨脹也有惡性的

若薪資隨著物價上升而調漲，那就沒有問題，但有時會出現物價已經喊漲，薪資卻聞風不動的情況，這就是所謂的「惡性通貨膨脹」。

以前1碗拉麵才賣50元

當時月薪2萬啊

但是薪水也很少吧？

和通貨膨脹相反的現象是**通貨緊縮**，是指物價下跌和貨幣價值上升。在通貨緊縮時，民眾往往會出現延後消費的傾向。儘管延後消費，能讓民眾用更便宜的價格買到想要的商品，**但這樣產生的問題是，消費意願低落而導致通貨緊縮更形惡化**。因此，就經濟上而言，能提升民眾消費意願，巧妙調節經濟循環的通貨膨脹，是大家比較樂見的現象。

消費縮手會導致通貨緊縮惡化

第5章

04

爲什麼銀行利率總是這麼低？

即使把錢存進銀行，辦理定存，利息還是低得可憐，沒有半點划算的感覺。利率究竟爲什麼總是這麼低？接下來就要解答這個疑問。

　　銀行長期以來都維持低利率，最簡單的理由是因爲不景氣。當經濟蓬勃發展時，銀行會貸款給企業，企業會連本帶利還款給銀行，所以銀行就能付給我們這些存款客戶較高的利息。然而，現在這個機制卻無法繼續。**日本政府已推出「負利率政策」，希望銀行能盡可能把資金貸放給企業，可惜成效看來似乎有限。**（台灣情況請見附錄5-1）。

利率有多低，景氣就有多差

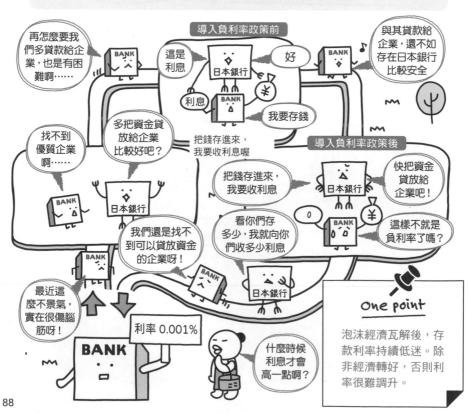

One point

泡沫經濟瓦解後，存款利率持續低迷。除非經濟轉好，否則利率很難調升。

88

倘若日後利率還是沒有起色，消費者就要盡量找利率較高的銀行存款。因此，建議各位多留意活期存款和定期存款的利息差異。活期存款隨時都能存取款，運用方便，但對於想用存款客戶這筆錢來獲利的銀行來說，可就不是好事了；**如果是定存的話，銀行在投資操作上較為彈性，所以願意付給客戶較高的利息。**

如何挑選利率較高的銀行？

第5章
05

如何刺激景氣？①

中央銀行從金融面向推動的經濟政策，稱為「金融政策」，能促使景氣上行或下行。究竟這些政策的運作機制是？

　　政府以刺激經濟持續擴張為目的而制定**金融政策**，為了確保物價和貨幣價值穩定，甚至是將其當成因應景氣變動措施的一環，通常會實施的是金融緊縮或寬鬆。舉例來說，方法之一就是「存款準備率操作」。銀行必須將一定比例的存款寄存在中央銀行，而這個比例，就是所謂的存款準備率。**若政府調降存款準備率，那麼銀行就有更充裕的資金，可貸放給企業。**

何謂存款準備率操作？

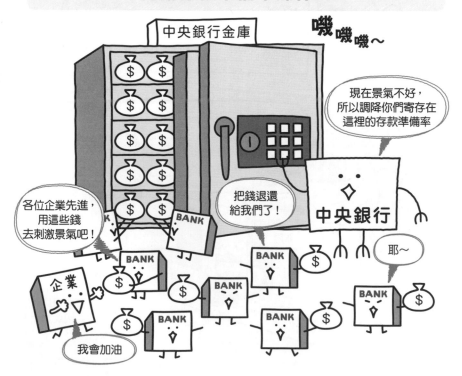

還有一個很具代表性的金融政策，那就是「公開市場操作」。當景氣過熱時，中央銀行會出售國債等債券給銀行，收回資金，即所謂的賣出操作；反之，進行買進操作時，中央銀行會向銀行收購國債等債券，而銀行就會有大量資金流入。如此一來，銀行就能更積極地將資金貸放給企業。

何謂公開市場操作？

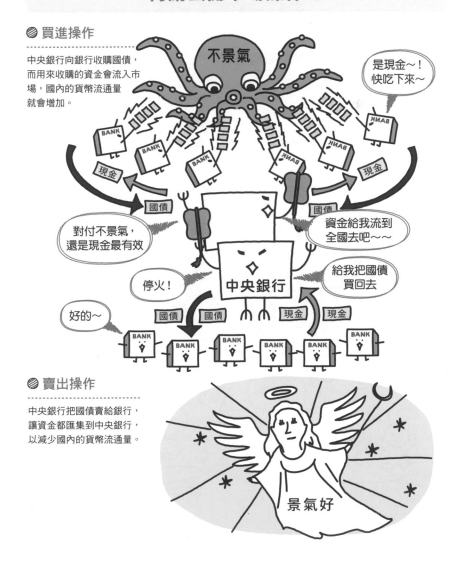

● 買進操作

中央銀行向銀行收購國債，而用來收購的資金會流入市場，國內的貨幣流通量就會增加。

不景氣

是現金～！
快吃下來～

對付不景氣，
還是現金最有效

資金給我流到
全國去吧～～

停火！

給我把國債
買回去

好的～

中央銀行

國債　國債　　現金　現金

● 賣出操作

中央銀行把國債賣給銀行，讓資金都匯集到中央銀行，以減少國內的貨幣流通量。

景氣好

第❺章

06

如何刺激景氣？②

其實不只中央銀行，中央政府也會推動調節景氣的政策。而政府所推動的這些經濟政策，就是所謂的「財政政策」，穩舵帶領國家經濟前行。

由中央政府主導，讓民眾更容易（或更不容易）賺錢獲利的**財政政策**之一，就是稅制改革。金融政策其實就是利用金融機構來調節貨幣流通量。**只要政府一推動稅制改革，我們民眾不是要多繳一點稅，就是可以少繳一點稅**。如此一來，市場上流通的貨幣量，勢必會受到稅制改革的操弄。

透過財政政策調節國民手上的資金

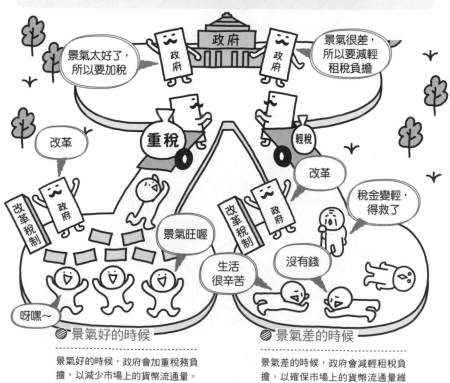

● 景氣好的時候

景氣好的時候，政府會加重稅務負擔，以減少市場上的貨幣流通量。

● 景氣差的時候

景氣差的時候，政府會減輕租稅負擔，以確保市場上的貨幣流通量維持不減。

政府還會推動另一種財政政策，那就是公共事業。說得更具體一點，其實就是造橋鋪路的政策。如此一來，大量資金會先流向承攬廠商，可以當成訂購成本。接著資金會再流向大型機具、工具的租賃業者，甚至是案場周邊的民眾，於是貨幣流通量就會二度、三度增加。**尤其在就業機會少的地方城鎮，還可同時創造就業機會，一般認為是很有效的政策。**

公共工程是促進景氣復甦的強心針

威脅全球的金融危機究竟是什麼？

景氣好壞的問題並非只限於國內發生。2007年浮上檯面的美國次級房貸問題，引爆了全球的金融危機。

1990年代中期，「次級房貸」這種連低收入者也能申辦的房貸，在美國非常盛行。**當時美國的地價還在上漲，不論是借款人或賣屋者都認為，到時候就算低收入者繳不出房貸，只要把土地和房屋都賣掉，就沒問題了**。然而，當地價高漲的泡沫吹破之後，許多申辦房貸的民眾，便接連陷入無力還款的困境。

威脅全球經濟的雷曼風暴

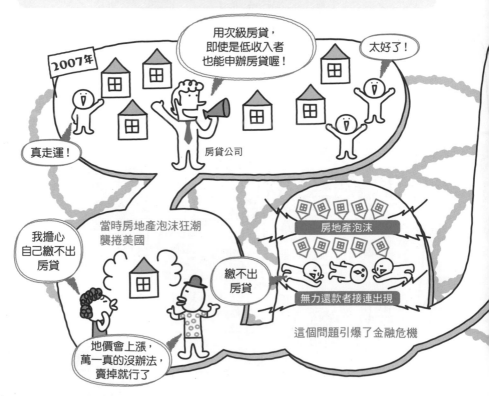

用次級房貸，即使是低收入者也能申辦房貸喔！

太好了！

2007年

真走運！

房貸公司

我擔心自己繳不出房貸

當時房地產泡沫狂潮襲捲美國

繳不出房貸

房地產泡沫

無力還款者接連出現

這個問題引爆了金融危機

地價會上漲，萬一真的沒辦法，賣掉就行了

次級房貸問題的災情不僅僅是如此，當年次級房貸還被包裝成金融商品，透過券商賣給全球的投資人。美國一家名叫「雷曼兄弟」（Lehman Brothers）的投資銀行，就是因為銷售這種危險的商品而失去信用，導致破產。還有，為雷曼兄弟承辦保險的保險公司——美國國際產險公司（AIG）也面臨危在旦夕的狀態。所幸後來美國政府端出了濟助措施，為AIG提供金援。

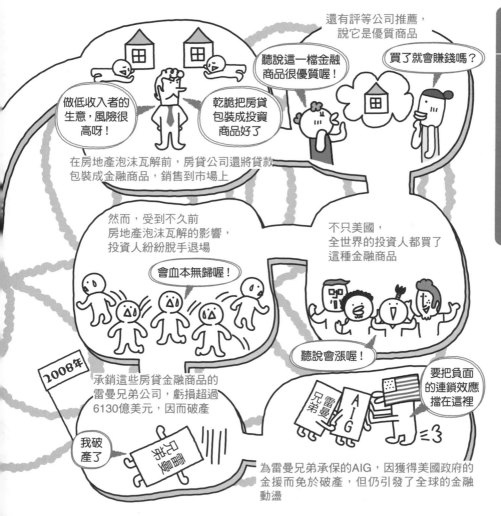

還有評等公司推薦，說它是優質商品

聽說這一檔金融商品很優質喔！

買了就會賺錢嗎？

做低收入者的生意，風險很高呀！

乾脆把房貸包裝成投資商品好了

在房地產泡沫瓦解前，房貸公司還將貸款包裝成金融商品，銷售到市場上

然而，受到不久前房地產泡沫瓦解的影響，投資人紛紛脫手退場

不只美國，全世界的投資人都買了這種金融商品

會血本無歸喔！

聽說會漲喔！

2008年

承銷這些房貸金融商品的雷曼兄弟公司，虧損超過6130億美元，因而破產

我破產了

要把負面的連鎖效應擋在這裡

雷曼兄弟　AIG

為雷曼兄弟承保的AIG，因獲得美國政府的金援而免於破產，但仍引發了全球的金融動盪

安倍經濟學
真的讓景氣復甦了嗎！？

　　為了讓停滯不前的日本景氣復甦，日本政府可是拚了命地努力。安倍晉三內閣祭出了三大經濟政策，命名為「安倍經濟學」（Abenomics）。

　　第一支箭是「大膽的金融寬鬆政策」，由日本銀行出面在金融市場上收購國債，讓這些用來收購的資金能在市場上流通；第二支箭則是「機動性的財政政策」，透過發行國債來籌措大量資金，投入公共工程；第三支箭是「促進民間投資的成長策略」，希望鼓勵企業活動，創造出長久永續的經濟成長。

　　日本政府以這三支箭為主軸，推動了多項具體的經濟政策。然而，就民眾的感受而言，實情是覺得景氣暢旺的人並不多。

　　再者，以往日本政府總是與民間企業保持適度的距離，但在第三支箭「促進民間投資的成長策略」當中，採取的卻是超脫政府與企業框架的產官一體型經濟政策。既然它是刺激景氣復甦的重點策略，各位不妨密切關注它日後的發展吧！

第 6 章

也來想想
如何養大資金

在對金錢機制有了一定程度的了解之後，
本章還要聚焦在「養大資金」的議題上。
只要明白金融商品的機制，
說不定您的資產就會變得比現在多更多。

第**6**章

01 股份有限公司的起源

說到投資，最有名的就是投資股票了。「股」是「股份有限公司」的意思。那麼大家知道股份有限公司的起源和運作機制嗎？

　　全球第一家股份有限公司，是遠從荷蘭來到亞洲採購香料的東印度公司。早期航海時，船隻在海上遇難的風險相當高，萬一真的在航行途中沉船，船東將蒙受相當慘重的損失。因此，為了降低沉船需要負擔的損失，便由眾人各自拿出些許資金。**這種「損失少，獲利共享」的概念，才是公司成立的意義，更是公司運作的機制。**

公司用股東投入的資金來追求成長

用這艘船來發現新大陸吧！

經營者

股東

要籌措資金來當成燃料，實在很辛苦

多虧有了「股份有限公司」的機制，人類社會得以蓬勃發展——因為每位出資者承擔的風險低，萬一公司不幸破產，還有東山再起的機會。不僅如此，即使是缺乏資金的人，也因為這套機制的問世而能開公司。附帶一提，出錢投資公司的人，就是所謂的「股東」。**只要眾人共同出資，縱然每位股東的付出不多，仍能籌措到龐大的資金，公司也能因此而成長。**

第⑥章

02 股權的機制

提到「股權」，其實還是有很多人不太明白它的內涵。因此，這裡就要來深入探討股份的機制。

股東出資創設股份有限公司，而「股權」則是公司提供給股東的權利。購買股票變成股東之後，就能成為參與公司經營的老闆之一。攸關經營的議題或重要規範時，公司都必須徵詢股東意見才能決定。因此，股份有限公司每年都會召開一次「股東大會」，由股東選出值得託付公司經營大任的董事等人選。

股東在公司裡的地位

One point

股東有一份載明其地位和權利的文件，我們稱之為「股票」。股票上會載明公司名稱、股東姓名等資訊。但為避免遭竊、遺失等意外，目前已根據日本政府於2006年施行的《公司法》規定，原則上不發行實體股票。（台灣情況請見附錄6-1）

在股東大會上，公司方會進行營業報告，說明公司營運狀況優劣及原因，以及有無新事業等事項。

嗯、嗯

讓我們打造一家強調資安的公司吧！

我想打造一家能防止資訊外流的公司

股東

股東

經營團隊

經營團隊

經營團隊

製造固然重要，不過當前先來強化業務能力吧！

要打造讓員工自在工作的環境才行！

經營團隊

開公司還真是辛苦

當公司有獲利時，會回饋部分利潤給股東，而這筆錢就是所謂的「股利」。若營運虧損，公司就不會發放股利；反之，持有獲利企業的股票，股利也會跟著變多。如此一來，這家公司的股票就會變得炙手可熱，而股東也可以選擇賣掉手中的持股。**買賣股票的地方，我們稱之為「股票市場」，而股票交易則是透過券商來進行。**

股份的各種流向

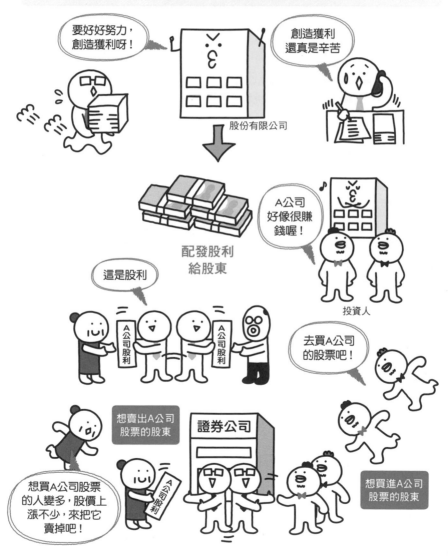

03 股價怎麼訂？

股票的價值變動可說是家常便飯。那麼，股價又是為什麼會變動呢？讓我們一起來了解箇中原因。

在股市當中，是由投資人決定**股價**。比方說有一位「想用100元買這一檔股票」的投資人，和另一位「想用120元賣這一檔股票」的投資人。在兩者對價格達成共識的當下，這筆交易就會成立。而最後成交的價格，就會成為當下的股價。當然**股價還會受到不同時期的經濟狀況、公司業績，或者想買進者和想賣出者之間的供需平衡狀況等因素影響而變動。**

買方和賣方的感覺才是關鍵

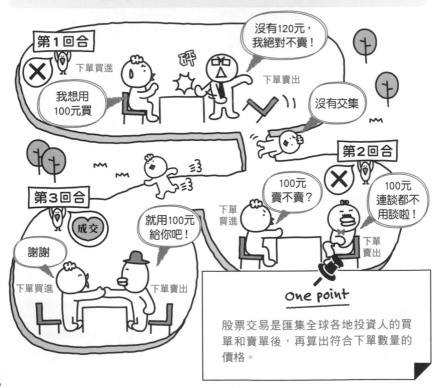

比方說現在某家公司的股價是1萬元，公司業績表現也很不錯，所以你決定以1萬元下單買進。可是，有其他投資人無論如何就要買到這一檔股票，便以1萬5000元的價位下單買進。這時股東當然會選擇賣給願意出高價買進的投資人，所以這家公司的股價就會是1萬5000元。**而在這種情況下，我們就可以說這家公司「股價上漲了」。**

股價會因買方、賣方的氣勢而變動

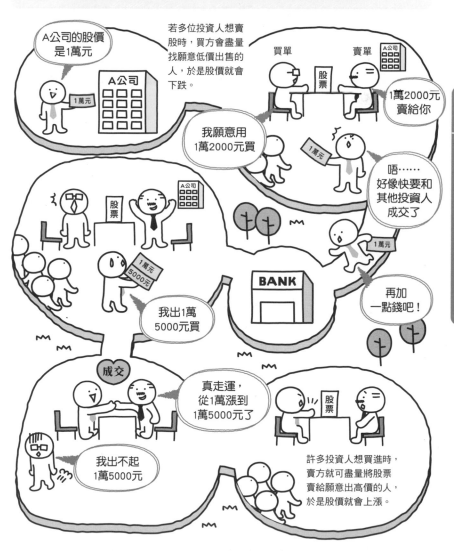

相較於股票，建議新手投資信託基金

買賣股票並從中獲利的行為，我們稱之為「投資股票」。其實投資有很多種類和訣竅，借重專家的力量，也是一種方法。

所謂的投資，其實包括了各式各樣的金融商品，例如股票、債券等。究竟該在什麼時機買進什麼商品才好？要做出這個判斷，難度相當高。因此，「**信託基金**」便成了方便好用的金融商品工具。所謂的**信託基金，是向投資人募集資金後，分散投資到各種不同的投資商品上，再將投資獲利回饋給投資人的一套機制**。一般認為它比投資股票更能分散風險，即使是投資新手，也能輕鬆入門。

由投資專家負責操作

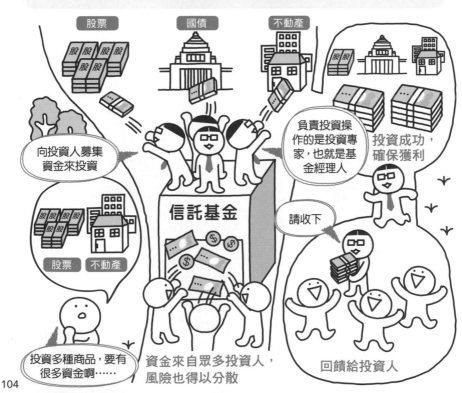

股票　　國債　　不動產

向投資人募集資金來投資

股票　不動產

信託基金

負責投資操作的是投資專家，也就是基金經理人

投資成功，確保獲利

請收下

投資多種商品，要有很多資金啊……

資金來自眾多投資人，風險也得以分散

回饋給投資人

一般認為信託基金是分散投資，而投資股票則是集中投資。**想在集中投資上立於不敗之地，祕訣就是「逢低買進優質個股」**。說得更具體一點，所謂的優質個股，就是後續業績成長可期的企業個股。趁著股價親民時買進，漲價時賣出，從中賺取差價。反之，在股價高點時買進，就可能虧損。

投資股票的流程

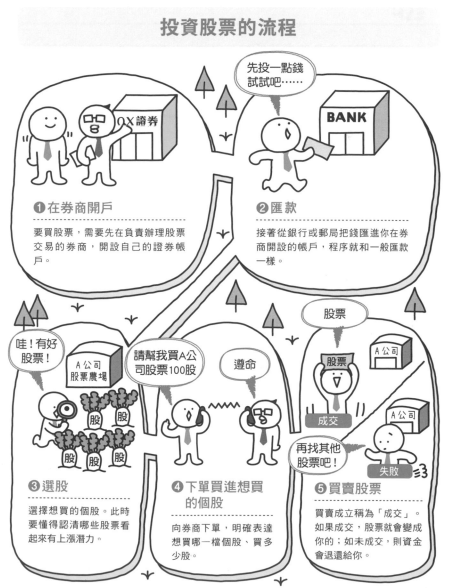

❶ 在券商開戶

要買股票，需要先在負責辦理股票交易的券商，開設自己的證券帳戶。

❷ 匯款

接著從銀行或郵局把錢匯進你在券商開設的帳戶，程序就和一般匯款一樣。

❸ 選股

選擇想買的個股。此時要懂得認清哪些股票看起來有上漲潛力。

❹ 下單買進想買的個股

向券商下單，明確表達想買哪一檔個股、買多少股。

❺ 買賣股票

買賣成立稱為「成交」。如果成交，股票就會變成你的；如未成交，則資金會退還給你。

第⑥章
05

最好先知道的
投資股票心得①

股價瞬息萬變，投資者的情緒千萬別受它所牽動。想在股市獲利，關鍵是要懂得深化自己的股票知識。

投資股票可能會讓你我的資產增加，也可能縮水。因此，有時我們會需要一些緊急預備金。也就是說，若是你每月收支捉襟見肘或毫無積蓄的話，恐怕不太適合投資。如果還有其他閒錢可動用，股票當然還是可以買，不過，碰到不得不賣的情況時，就有可能以賠錢收場。股票是適合老手操作的投資，建議各位先學習相關知識再進場。

投資需要累積知識

❹ 蒐集資訊

買進股票時，實際蒐集該公司的資訊也非常重要。除了要知道公司業績，也要看電視或網路上的新聞。

來挑戰
投資股票吧！

券商

OX證券

這家公司
滿賺錢的喔！

股
股

A公司

筆記

one point

股價線圖具有許多重要資訊，可以幫助我們判斷自己屬意的股票是否值得投資。所謂的線圖（chart）就是圖表，用來呈現股價至今究竟是漲還是跌。

原來投資
股票會有這種
失敗啊

❸ 看股價走勢圖

建議各位學會如何判讀股價線圖，以便預測後續走勢。

存錢
很重要

❷ 了解別人的失敗經驗

買進股票時，實際蒐集該公司的資訊也很重要。除了要知道公司業績，也要看電視或網路上的新聞。

❶ 儲蓄

把不多的存款拿去投資，萬一虧損時，造成的衝擊會放大。人難免有生病、受傷等急需用錢的時刻，希望大家務必提醒自己，一定要維持足夠的存款數目。

還有，懂得正確掌握投資風險，至關重要。所謂「投資風險」，就是「不確定性」。比方說，商品價格跌破投資金額所造成的「**虧本**」等。不過，**如果你害怕這樣的投資風險，就無法在投資世界裡成功**。如前所述，秉持「不斷透過專家建議或專業書籍深化知識」的心態，是投資上的一大關鍵。

最大的風險是「不確定性」

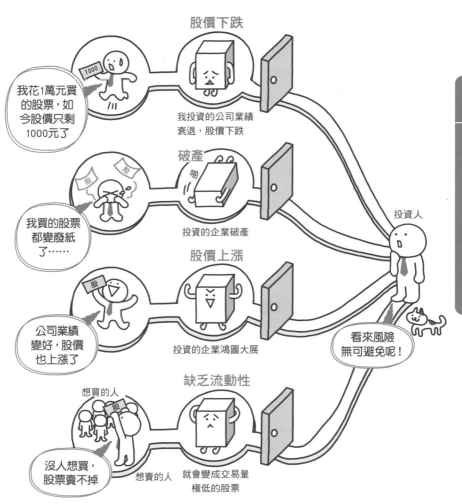

最好先知道的
投資股票心得②

很多人在實際進場投資股票之後，都會被股價漲跌牽著鼻子走。建議大家好好學習「投資的操作手法」。

投資股票有一種賺不了錢的典型樣態，就是「逢高」就買股，「暫時下跌」就賣股。**想炒短線、賺快錢是導致投資失利的原因**。因此，股市就發展出一套方法，可降低投資人衝動進場、買在高點的風險——那就是「<u>逢低買進</u>」的手法。

股價止跌正是進場時機

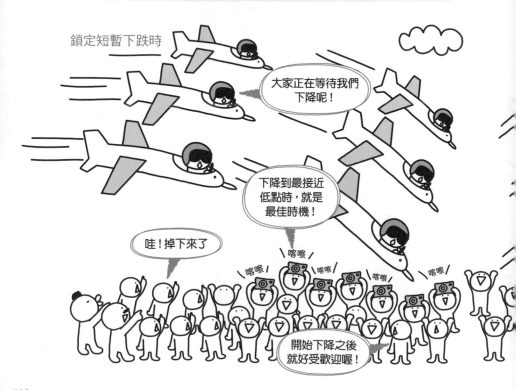

鎖定短暫下跌時

大家正在等待我們下降呢！

下降到最接近低點時，就是最佳時機！

哇！掉下來了

喀嚓 喀嚓 喀嚓 喀嚓 喀嚓

開始下降之後就好受歡迎喔！

所謂的「低點」，是指股價在上漲過程中暫時拉回的現象。當個股股價跌到低點時，**投資人因為看好會再上漲而買進，就是所謂的逢低買進**。由於操作逢低買進需要分析股價的動向，因此主要是適合股市老手。儘管它成功獲利的機率較高，但前提是要先認清哪些個股處於上升趨勢，這一點可不容易。

急速拉升大家就會
欣喜若狂

逢低買進
航空秀

逢低買進
有時也會
失敗

最好先知道當股東的好處

投資股票有很多不確定因素，還有一定風險，但其實也有好處。這裡所說的好處，指的究竟是哪些？

　　企業要回饋股東，一般會用發放「股利」（請參閱第101頁）的方式來處理。日本對於股利發放並沒有特別規定，有些企業為了用這些轉入未分配盈餘的利潤來持續投資，甚至根本沒有規畫發放股利的制度。換言之，每家企業對股利的處理方式都不同。其實回饋股東的方式不只有發放股利，有些企業還會送給股東獨家好禮，這就是所謂的**「股東優惠」**。

股東優惠的機制

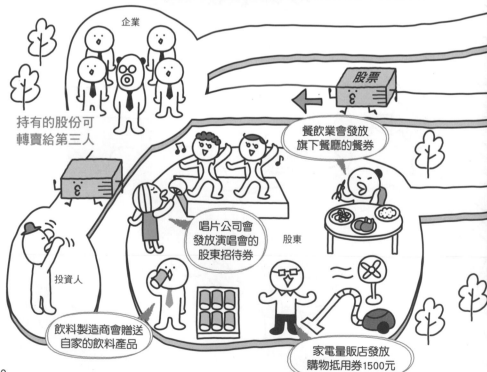

企業

持有的股份可轉賣給第三人

股票

投資人

餐飲業會發放旗下餐廳的餐券

唱片公司會發放演唱會的股東招待券

股東

飲料製造商會贈送自家的飲料產品

家電量販店發放購物抵用券1500元

股東優惠的內容包括可在旗下門市使用的優惠券、折扣券和自家產品等，五花八門，還有企業會發放與自家營業項目毫不相關的贈品，甚至會依股東持股的多寡，而準備不同的股東優惠贈品。**這時持股愈多，當然就可以領到更好的優惠贈品，但持股數量和贈品品質不見得一定成正比。**

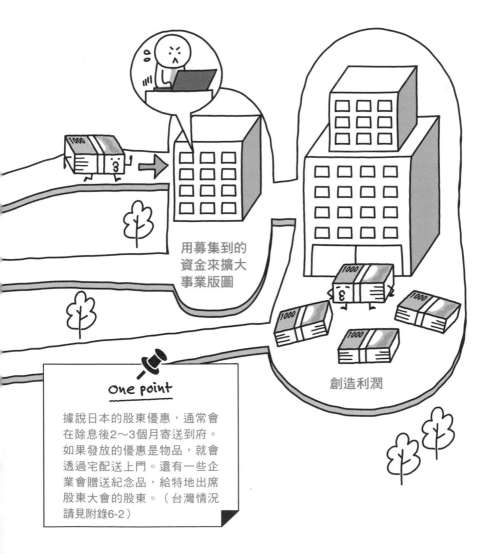

用募集到的資金來擴大事業版圖

創造利潤

one point

據說日本的股東優惠，通常會在除息後2～3個月寄送到府。如果發放的優惠是物品，就會透過宅配送上門。還有一些企業會贈送紀念品，給特地出席股東大會的股東。（台灣情況請見附錄6-2）

第❻章 08 既然要投資，就採取適合自己的方法！

所謂的「投資」，其實有各式各樣的投資商品可供選擇。讓我們來看看究竟有哪些投資商品，同時也了解一下它們的特色吧！

最常見的**投資商品**是股票。它最迷人的地方，就是有望賺得豐厚獲利；反之，也伴隨著股票下跌、企業倒閉等風險。此外，比方說我們花500萬買了一棟中古的透天厝，重新裝潢之後，以800萬元賣出，就可創造出300萬元的獲利——這就是所謂的不動產投資。不過，**投資不動產需要相當大筆的資金，所以風險也相對放大**。

投資商品的種類

股票有很強烈的賭博色彩，好困難呀！

沒錢裝潢

股價漲了！

我把300萬元的房子重新裝潢一下，用500萬元的價格賣掉了

股票

不動產

風險很高呀！

股票價格波動較劇烈，因此上漲能賺得的利差可期，不過相對地，也可能出現虧損。

透過將不動產出租給第三人或直接出售，進而從中獲利的投資。

此外，債券在投資領域當中也是相當熱門的選項。所謂的債券是指中央政府、地方政府或企業等，為籌集資金當成公共工程等預算時，而發行可兌現的貸款證明書。**只要國家或企業沒有陷入財政危機或破產，就會還款給投資人，所以是保證還本的商品，但一般認為它投資獲利的效率偏低**。綜上所述，投資商品的種類五花八門，風險和獲利表現也各不相同。

債券的獲利率低，
但保證還本、配息，
所以被稱為是「低風險投資」。

黃金本身極具價值，所以投資黃金很容易變現。此外，它不會像股票或債券因公司倒閉而價值歸零。

第6章 09 券商扮演的角色為何？

當你實際買賣股票時，對口窗口是券商。這裡要說明證券公司所扮演的角色。

券商承辦的，主要是居間聯繫證券交易所和投資人，藉以賺取手續費，並促成股票交易成交的「**經紀業務**」（broker）；而券商自己也會參與股票交易，放大資金，就是所謂的「**自營業務**」（dealer）。**在自營業務上，為了避免與一般股東衝突，日本對於券商可持有的證券設有上限規定**。（台灣情況請見附錄6-3）

券商的主要業務

◉ 經紀業務

接受買單和賣單委託，轉達給證券交易所的業務。

証券交易所　遵命　A公司股票1000股，麻煩你了　投資人

◉ 自營業務

券商用自有資金買賣股票等有價證券，就和一般投資人一樣。

太好了！用自有資金買的股票漲了

此外，**券商還會辦理「承銷業務」（underwriting），承購銷售新發行的股票和債券等有價證券**。所謂的有價證券是指用來證明持有人財產權的證明書，包括票據、支票、商品券、股票等。同樣的業務還有**「分銷」（selling），也就是接受企業委託，將股票銷售給一般投資人**。

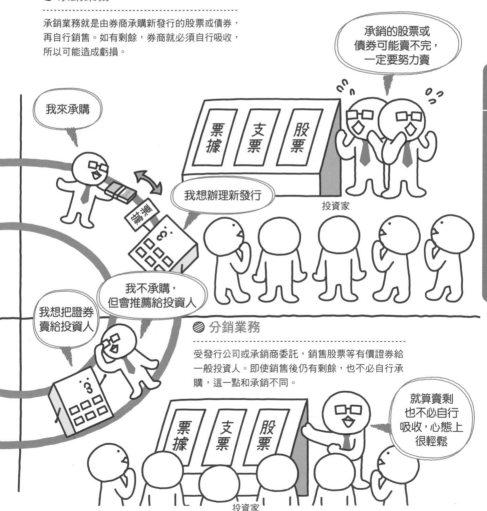

◎ 承銷業務

承銷業務就是由券商承購新發行的股票或債券，再自行銷售。如有剩餘，券商就必須自行吸收，所以可能造成虧損。

承銷的股票或債券可能賣不完，一定要努力賣

我來承購

票據　支票　股票

我想辦理新發行

投資家

我不承購，但會推薦給投資人

我想把證券賣給投資人

◎ 分銷業務

受發行公司或承銷商委託，銷售股票等有價證券給一般投資人。即使銷售後仍有剩餘，也不必自行承購，這一點和承銷不同。

就算賣剩也不必自行吸收，心態上很輕鬆

票據　支票　股票

投資家

何謂外匯？

各個國家使用各自的貨幣，這一點毋庸置疑。這裡就讓我們來想一想「不同貨幣之間的交易」是怎麼回事。

各位到美國旅遊時，當然不能使用新台幣。所以在美國購物，需要先把台灣的「新台幣」換成「美元」。像這樣**在兩種貨幣之間進行兌換，我們稱之為「外匯」**。除了「新台幣」和「美元」之外，其他貨幣當然也可以互相兌換，而進行外匯交易的地方，就是所謂的「外匯市場」。

24小時都在全球各地交易的貨幣

美元是關鍵貨幣，在跨國銀行都能交易兌換

亞洲市場

人民幣 $

巴林 BD $

香港

東京 ¥ $

新加坡 S$ $

大洋洲市場

澳洲 雪梨 A$ $

紐西蘭

威靈頓

從威靈頓市場開始

外匯市場指的並非某個特定場所，而是一個運用網路等通訊設備交易的市場。外匯市場主要可分為兩大類：**只有銀行等金融機構可參與的銀行間市場（interbank market），以及由銀行為企業或個人服務的顧客市場**。外匯交易24小時都可進行，每天從威靈頓開盤後，便開始在全球各地運作。

One point

比方說用新台幣買進美元時，如果是1美元兌100元，就表示花新台幣100元即可買進1美元。而這樣的貨幣交換比例，就是所謂的「匯率」（外匯行情）。

歐洲市場

倫敦　法蘭克福
蘇黎世

埃及

紐約市場

交易量較大的「東京」、「倫敦」和「紐約」這三個市場，被稱為「三大外匯市場」

第6章
11

升值、貶值
是什麼意思？

在財經新聞當中，我們會聽到「升值、貶值」的描述，但應該還有很多人不明白它的意思。讓我們來看看升值和貶值的差異吧！

　　如前項已說明，**在外匯市場上，貨幣的價值天天都在變動**。比方說當「想把新台幣換成美元的人」變多時，美元的價值就會上升，於是持有新台幣的人，就必須拿出很多新台幣才能換得到美元。而這樣的狀態，就是所謂的**新台幣貶值**；反之，當「想把美元換成新台幣的人」變多時，新台幣的價值就會上升，而這就是所謂的**新台幣升值**。

升值、貶值的機制

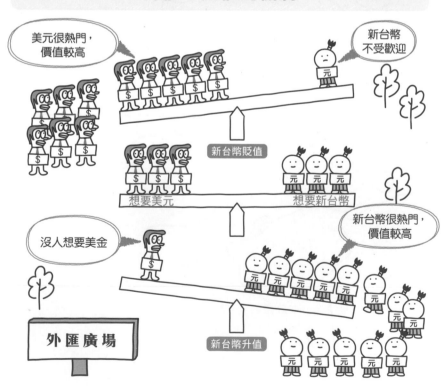

換言之，**所謂的新台幣貶值，就是新台幣被大量賣出**。新台幣被賣出，會導致價值下跌。因此，以往只需要花100元就能買到1美元的商品，如今必須110元才能買得起。新台幣升值正好相反，若從原本的1美元兌100元，變成兌90元，即為新台幣升值。即當新台幣升值時，新台幣出國旅遊的花費較低；反之，銷售產品到海外時，新台幣貶值更能賺大錢。

升值、貶值時的優點和缺點

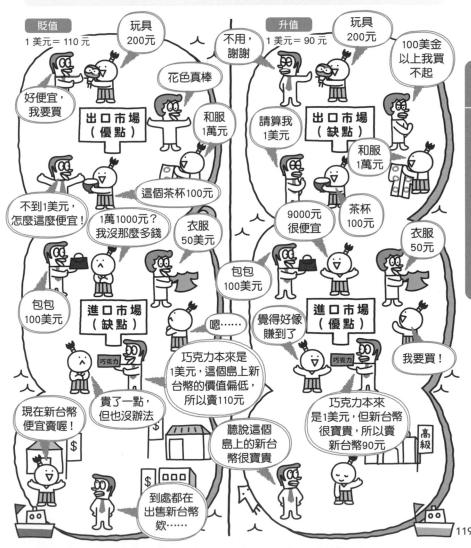

第❻章

12

債券眞的是
安全的投資標的嗎？

在眾多投資商品當中，最適合投資新手的，莫過於債券了。儘管一般認為它的風險較低，這裡就要來介紹它的安全性和優勢。

　　所謂的**債券**是指中央或地方政府、企業等，向投資人借款時所發行的憑證。由中央政府發行的稱為國債；由企業發行的叫做公司債；由地方政府發行的則是地方債。各級政府、組織團體等發行債券，出售給投資人，藉以籌措資金。**投資人在持有債券期間，可定期領取利息，到期後還可收回本金。**

債券的機制

例

以99萬元，買進5年到期，面額100萬元的債券，票面利率2%

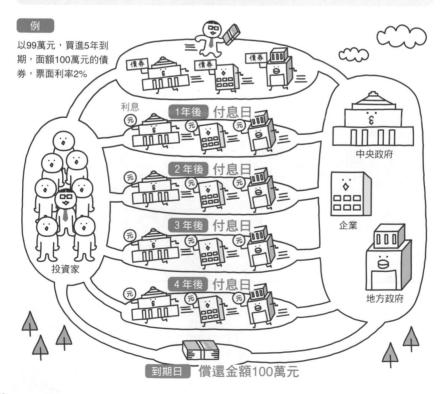

利息

1年後 付息日

2年後 付息日

3年後 付息日

4年後 付息日

投資家

中央政府

企業

地方政府

到期日 償還金額100萬元

債券的好處是它可不待期滿就兌現，風險相對較低又安全。**它的借款期和利息也都在當初買進債券時就已明確訂定，可說是比較方便安排財務規畫的理財商品**，而這也是它在眾多投資商品當中，特別適合投資新手操作的原因所在。附帶一提，債券主要可於券商購買。

優點是方便安排財務規畫

透過券商買賣債券

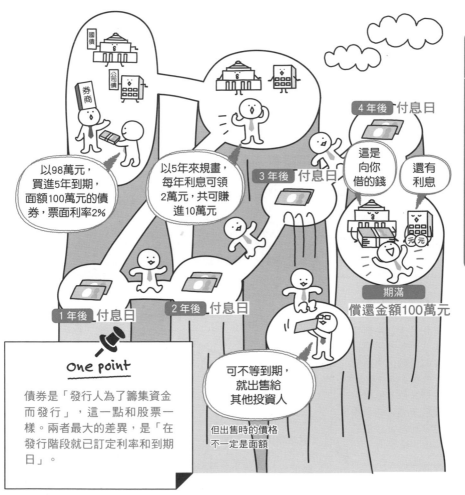

以98萬元，買進5年到期，面額100萬元的債券，票面利率2%

以5年來規畫，每年利息可領2萬元，共可賺進10萬元

1 年後 付息日

2 年後 付息日

3 年後 付息日

4 年後 付息日

這是向你借的錢

還有利息

期滿
償還金額100萬元

可不等到期，就出售給其他投資人

但出售時的價格不一定是面額

one point

債券是「發行人為了籌集資金而發行」，這一點和股票一樣。兩者最大的差異，是「在發行階段就已訂定利率和到期日」。

13 何謂ETF？

ETF是「Exchange Traded Fund」的簡稱，也稱為指數股票型基金。這裡要來介紹它的機制和優點。

ETF是一種金融商品，和「把投資操作都交給基金經理人」的信託基金很相似。兩者之間的差異在於ETF是在證券交易所上市的金融商品。換句話說，可像股票一樣在證券交易所買賣的是ETF。ETF的特色，除了投資標的豐富多樣之外，**由於它的價格隨時都在變動，所以投資人可選在價格最合宜時下單。**

ETF和信託基金的差異

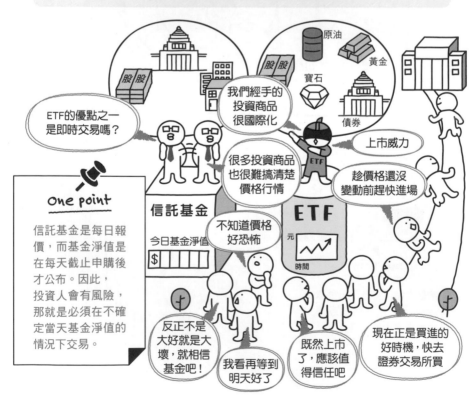

原油

黃金

寶石

債券

我們經手的投資商品很國際化

ETF的優點之一是即時交易嗎？

上市威力

很多投資商品也很難搞清楚價格行情

趁價格還沒變動前趕快進場

one point

信託基金是每日報價，而基金淨值是在每天截止申購後才公布。因此，投資人會有風險，那就是必須在不確定當天基金淨值的情況下交易。

信託基金

今日基金淨值

$

不知道價格好恐怖

ETF

元

時間

反正不是大好就是大壞，就相信基金吧！

我看再等到明天好了

既然上市了，應該值得信任吧

現在正是買進的好時機，快去證券交易所買

其中信託基金和ETF有一個很大的差異，那就是ETF是以「股」為單位買進，無法指定價格，因為ETF的交易價格，是在證券交易所的交易時間內，依買賣雙方的交易狀況而定。因此，**ETF的優點之一是它也可在一天之內獲利**。此外，ETF的交易手續費比信託基金低，也是它的魅力之一。

投資成本比信託基金低廉

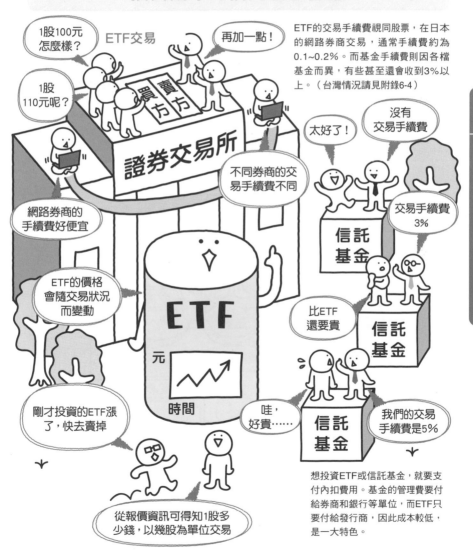

ETF的交易手續費視同股票，在日本的網路券商交易，通常手續費約為0.1~0.2％。而基金手續費則因各檔基金而異，有些甚至還會收到3％以上。（台灣情況請見附錄6-4）

想投資ETF或信託基金，就要支付內扣費用。基金的管理費要付給券商和銀行等單位，而ETF只要付給發行商，因此成本較低，是一大特色。

14 何謂信用交易？

借貸金錢時，有一項很重要的元素，就是「信用」。而在投資的世界裡，也有所謂的「信用交易」機制，運用甚廣。

一般的股票交易，是將資金先寄存在券商，並在這個額度之內進行交易；而**信用交易**則是向券商借用資金來投資股票，所以可操作高於寄存資金額度的投資。**透過信用交易買進價值高於現有資金的股票，我們稱之為「融資」；而向券商借股票來賣出，我們稱之為「融券」。**

融資與融券

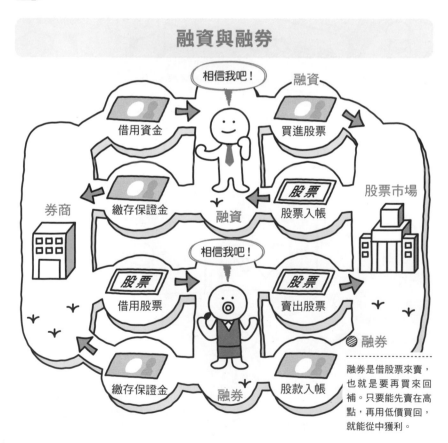

相信我吧！ 融資

借用資金 → 買進股票

券商 繳存保證金 ← 融資 股票入帳 股票市場

相信我吧！

借用股票 → 賣出股票

繳存保證金 ← 融券 股款入帳

◉ 融券

融券是借股票來賣，也就是要再買來回補。只要能先賣在高點，再用低價買回，就能從中獲利。

在日本想融資買股時，要先繳一筆保證金。保證金的金額會因券商而不同，而投資人約可用它來融資到3倍的金額。比方說寄存30萬日圓的保證金，至多可交易的金額上限是90萬日圓，因此若能順利成交，就可創造出3倍的獲利（台灣情況請見附錄6-5）。**像這樣用小額本金，運作大筆資金，以期能從中獲利的做法，就是所謂的「財務槓桿」。**

槓桿帶來的利潤

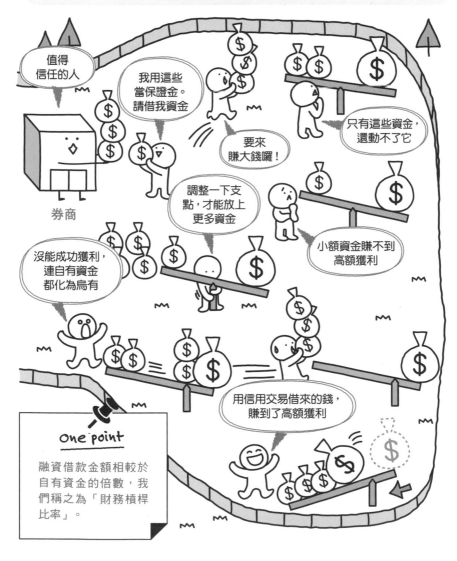

15 投資不動產有利可圖嗎？

理財不只可投資金融商品。近年來，投資公寓和大樓等不動產的理財方法也時有所聞。

　　投資不動產是指成為出租公寓等集合式住宅物件的包租公／婆，賺取租金收入，或在房產價值上漲時賣出，從中賺取利潤。**乍看之下，租賃經營是每月都能賺到穩定收入的投資，但將房產出租給他人營利，辛苦和麻煩的程度超乎想像**。例如，租不出去就是我們可想見的風險，只要有一間房屋空置，屋主每個月就會減少好幾萬元的收入。

投資不動產的風險在於閒置

假設我們買進一棟價值1億元的大樓，每年可賺進房租500萬元的話，那麼最快要花20年才能回收成本。然而，不動產的不確定因素很多，**隨著屋齡愈來愈老舊，可能出現租金下滑、空置等問題，導致屋主難以賺得預期的收入，或要負擔修繕費、管理費等各種開銷。**不過，看在想細水長流的賺取穩定收入的人，或者想取得土地的人眼中，或許不動產仍然是一種很有吸引力的投資。

投資不動產的風險

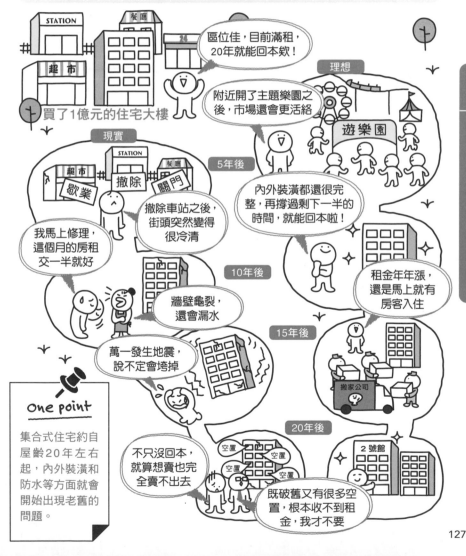

column No.6

若在日本的親友正在考慮進場投資，不妨先操作 NISA

　　日本政府近來打出了「儲蓄轉投資」的口號，想把日本國民由來已久的儲蓄型理財觀念，轉變為投資型。日本政府會這樣做，是因為他們希望民眾別一味地把錢存在銀行裡，把資金拿來投資才更能活絡市場。

　　在這樣的政策方向之下，專為散戶所設計的「小額投資免稅制度」（Nippon Individual Saving Account, NISA），已於2014年正式上路施行。只要住在日本的民眾，即便是外國人都可運用這項制度，在專用帳戶賺到的股票或基金獲利皆免稅。在日本，基本上只要是投資賺得的利潤，都要課徵約20％的稅，但透過NISA，民眾就能完整收下全部獲利，是一項很優惠的制度。

　　再者，除了正規的「NISA」之外，還有定期定額投資專用的「定期定額NISA」，和以未成年人為對象，但由家長負責操作的「Junior NISA」。使用NISA的相關機制時，每人只能開設一個專用帳戶，因此必須從上述3套機制當中擇一使用。若你有親戚朋友在日本正在考慮投資，建議不妨先試試這些免稅制度吧！

第 7 章

可運用在投資理財上的金錢機制

很多人其實對投資有興趣，
但覺得金融領域的專業知識浩瀚繁多，
令人眼花撩亂。這裡就讓我們來
逐一拆解金融的運作機制，
再多累積一些投資理財的知識吧！

公司的價值是怎麼訂出來的？

「廣受社會肯定」是企業生存的一大關鍵。這裡就讓我們來思考公司的價值究竟是怎麼一回事吧！

　　「公司的價值」究竟是什麼意思？說穿了，其實就是公司的價格。社會上有所謂的上市公司，這些公司的股票都可在證券交易所等平台交易。那麼，究竟要花多少錢，才能買到股票？比方說，**對外宣布近期業績表現出色的公司股價會上漲，是因為想買進這一檔股票的人，變得比想賣出的人多**。換言之，上市公司的價值取決於市場。

買進的人變多，股價也跟著水漲船高

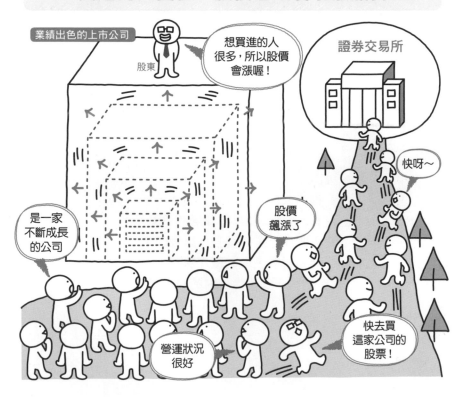

- 業績出色的上市公司
- 股東
- 想買進的人很多，所以股價會漲喔！
- 證券交易所
- 是一家不斷成長的公司
- 股價飆漲了
- 快呀～
- 營運狀況很好
- 快去買這家公司的股票！

用上市公司股價乘上發行股數，就可算出企業的價格，我們稱之為「**總市值**」。它可用來衡量企業的價值與規模，所以很多投資人會參考「總市值」來選股。股價一變動，公司的市值當然也會跟著變動。**因此股價上漲時，總市值也會上升；股價下跌時，總市值就會跟著縮水。**

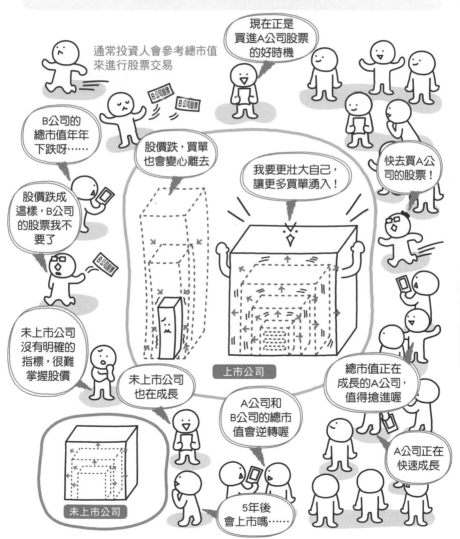

從總市值看出公司價值

通常投資人會參考總市值來進行股票交易

現在正是買進A公司股票的好時機

B公司的總市值年年下跌呀……

股價跌，買單也會變心離去

我要更壯大自己，讓更多買單湧入！

快去買A公司的股票！

股價跌成這樣，B公司的股票我不要了

未上市公司沒有明確的指標，很難掌握股價

未上市公司也在成長

上市公司

總市值正在成長的A公司，值得搶進喔

A公司正在快速成長

A公司和B公司的總市值會逆轉喔

5年後會上市嗎……

未上市公司

第7章 02
財務報表是掌握經營狀況的指標

一家公司的關係人來自四面八方，所以公司有責任定期報告營運現況。這時會用到的就是財務報表。

所謂的**財務報表**，換言之就是「公司的家計簿」。公司就和各個家庭一樣，也會記錄「賺了多少錢，花在哪裡，以及還剩下多少錢」。從公司的經營者，到員工、股東（投資人）等，都可以閱覽這些文件。因此，**經營者和投資人會看財務報表，比較同一行業的不同企業等，並將它們當成分析的素材。**

透過財務報表掌握經營狀況

要是股價能漲就好了

這個月努力賺了很多錢啊

上個月開銷好多

股東

經營者

有了這些獲利，應該可以發展新事業

出差花了2萬元

成功和大客戶簽約，有100萬元進帳了

因為我的疏忽，造成了20萬元的虧損

商品銷售一空，獲利10萬元

有效運用財務報表，掌握公司經營狀況，防患未然，就能強化公司的經營。

可用來呈現「公司家計簿」的文件，並不只有財務報表而已。日本還有所謂的會計帳簿報表。財務報表主要是指股票上市公司編訂的表冊名稱，而會計報告則是日本企業依適用於所有公司的日本法律規定《公司法》所必須編製的會計資料。這兩種文件的內容大同小異，其中財務報表包括了資產負債表、損益表和現金流量表。

透過財務報表掌握經營狀況

我是公司的業務、企畫、銷售

最近公司上市了，所以打算開始編製財務報表

● 資產負債表

用來了解公司有多少資本、多少負債的文件。

上個月開銷好多

呼～

● 損益表

用來呈現公司1年有多少獲利、多少損失的文件。

今年虧損了

● 現金流量表

用來表現公司資金為何增減的文件。

資金都因為開銷而離我遠去了

今年虧損了

03 何謂現金流量？

是不是很多人雖然明白「獲利」和「虧損」這兩個詞彙，卻很難想像何謂現金流量呢？

「cash」意指「現金」，「flow」則是「流動」之意。簡言之，**現金流量（cash flow）就是「資金進出」**。比方說，當書店採購最新漫畫時，就必須支付採購的貨款。接著，要上架銷售這些採購來的漫畫，直到真正賣給顧客，書店才會有錢進帳。用流入這家書店的資金，減去付出的資金，最後計算出來的收支流向，就是現金流。

何謂現金流量？

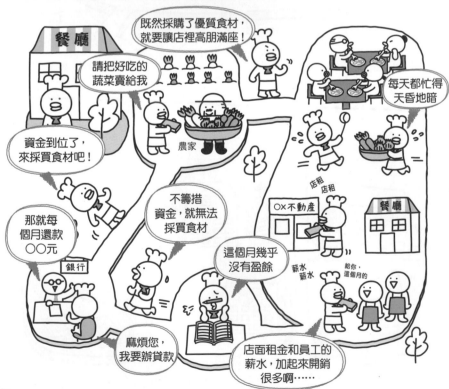

若現金流量的收支為負值，就表示資金正在減少。而資金持續減少，將導致公司資金短絀，付不出錢，最後就會破產。**因此，懂得掌握現金流量，避免手頭資金見底，對公司而言非常關鍵**。很多公司都會在財務報表（請參閱第132頁）的「現金流量表」上面，列出現金流量。

手頭資金多寡是公司經營的重點

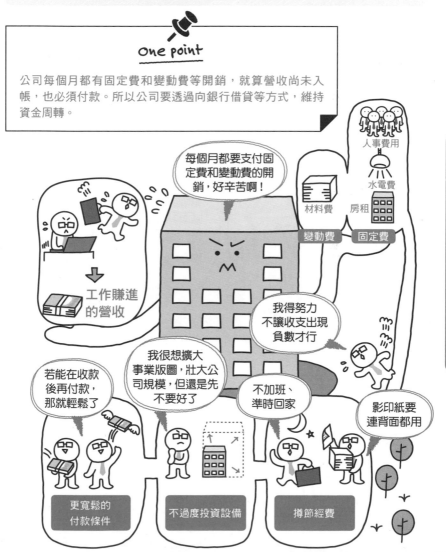

one point

公司每個月都有固定費和變動費等開銷，就算營收尚未入帳，也必須付款。所以公司要透過向銀行借貸等方式，維持資金周轉。

人事費用

水電費

材料費　房租

變動費　　固定費

每個月要支付固定費和變動費的開銷，好辛苦啊！

工作賺進的營收

我得努力不讓收支出現負數才行

我很想擴大事業版圖，壯大公司規模，但還是先不要好了

不加班、準時回家

若能在收款後再付款，那就輕鬆了

影印紙要連背面都用

更寬鬆的付款條件

不過度投資設備

撙節經費

「自有資本」和「他人資本」是指？

第7章 04

在金融、投資的世界裡，有所謂的「自有資本」和「他人資本」這兩個詞彙。讓我們來看看兩者究竟有何不同？

成立公司、經營事業需要資金，這就是所謂的「資本」。資本可分為兩種：「**自有資本**」和「**他人資本**」。**自有資本一如其名，包括公司股東提供的資金和公司的獲利**，也就是不必還款給任何人，而**他人資本則包括向銀行等其他企業借用的資金**，將來必須還款。

自有資本和他人資本的差異

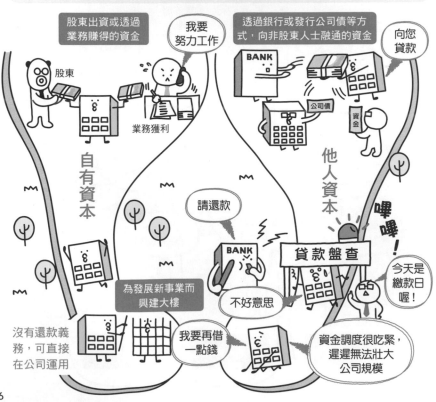

比方說A公司的資本總額是1億元，其中有7000萬是自有資本，3000萬是他人資本；B公司的資本總額也相同，其中有3000萬是自有資本，7000萬是他人資本。若要論這兩家公司何者經營較為穩定，答案當然是A公司。自有資本在資本總額當中的占比，稱之為自有資本比率。**自有資本比例愈高，經營狀況愈穩定，融資審核也比較容易通過。**

何謂自有資本比率？

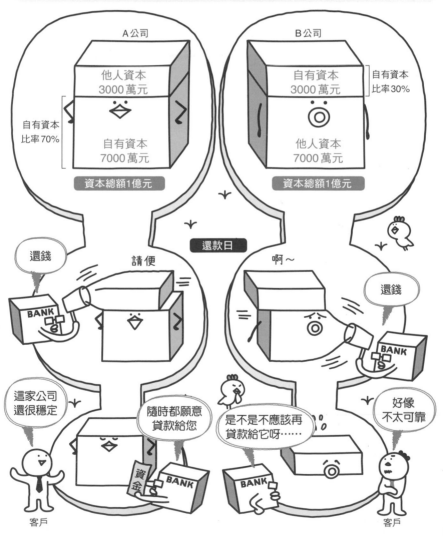

05 何謂「股票回購」？

股價上漲的原因五花八門，其中也包含了「股票回購」這個拉抬獲利的方案。

　「**股票回購**」（Share buyback，又稱庫藏股）一如字面所示，是指企業購買自家股票。為什麼這樣做呢？主要是公司為了回饋股東。當自家公司的股價低迷或停滯時，企業會透過買回自家股票的方式，實質減少流通在外股數——換言之，希望透過**減少股數來推升股價**。

透過股票回購，推升股價

發行股數1000萬股
每股純益100元

這次也配發同樣金額的股利，股東似乎很不滿

得想想辦法才行

股利

股利

改買別家公司的股票吧？

股利

股東

股利都不調高啊……

假設某家公司的已發行股數為1000萬股，股價為100元，那麼這家公司的企業價值就是10億元。若購回股票100萬股並予以註銷，那麼在外流通股數就會減為900萬股。如此一來，每1股的理論價格就會是「10億元 ÷ 900萬股＝111元」，股價將因此而上漲。像這樣會**定期購回股票並予以註銷的企業，在投資人之間受歡迎的程度也會節節攀升**。

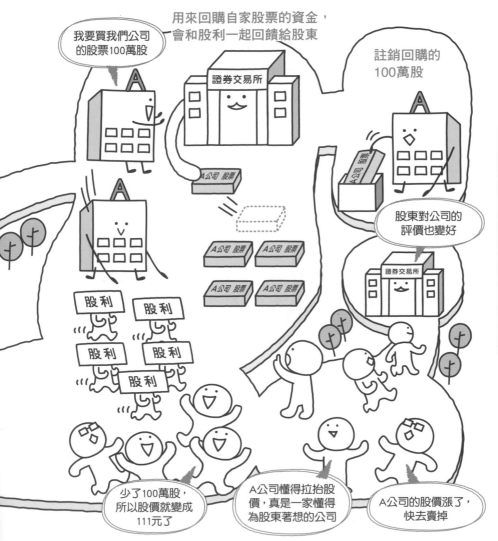

第**7**章

06 什麼是「股票選擇權」？

您知道「股票選擇權」制度嗎？即使你曾聽過，能正確了解含義的人，想必還是很有限。

公司發給員工的報酬，我想通常只有薪資。不過近年來，為了提振員工的工作動機，企業會在薪資之外，再透過**股票選擇權**制度將獲利發放給員工。所謂的股票選擇權，說穿了就是認購自家股票的優惠制度，**讓自家員工「可用事先訂定的價格買股」**，而且買進價格會比市價便宜。

用自家股票的認購優惠，提振員工幹勁

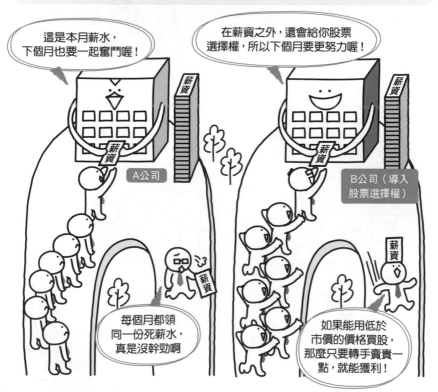

那麼，假如A公司導入了股票選擇權制度，設定「在3年內可以以每股100元的價格認購公司股票，上限100股」，會出現什麼情況呢？若於日後A公司股價200元時認購再賣出，那麼每股就能獲利100元。**股票選擇權畢竟只是一個「可供認購」的權利，萬一公司股價下跌，員工只要不認購，就不會有損失。**

誰都不吃虧的股票選擇權

只要你們努力工作，就有資格透過股票選擇權制度，以每股100元的價格認購公司股票，上限100股喔！

員工

我要拚命工作，拿到股票選擇權

one point

股票選擇權隨時都可放棄，所以不論市場上的股價怎麼下跌，對於獲得股票選擇權的員工都不會有損失。

花100元認購100股，在股市賣掉，就能獲利1萬元

幾年後

股票

證券交易所

上漲到每股200元

再等一等，等股價漲起來吧

股價相同

現在用選擇權就虧大啦

第**7**章 07 員工也能參與經營

雖然公司經營以老闆為核心，但近年來，導入讓員工也能參與經營或入股機制的企業愈來愈多。

在員工參與公司經營方面，最具代表性的制度就是「**員工持股制度**」。這套制度讓員工持有自家公司的股票，也就是員工從薪資、獎金當中提撥一定金額，用來購買自家股票，**實際買賣操作則是交由員工持股會處理。若公司股價隨業績成長而上漲，員工除了可藉此增加個人資產，還能領到公司的認股獎勵金。**

員工持股制度

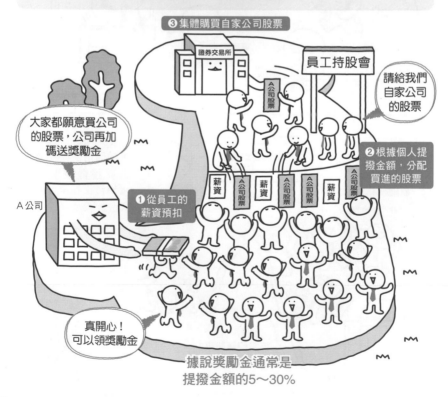

❸集體購買自家公司股票

證券交易所

員工持股會

請給我們自家公司的股票

大家都願意買公司的股票，公司再加碼送獎勵金

❷根據個人提撥金額，分配買進的股票

薪資　A公司股票　薪資　A公司股票　A公司股票　薪資　A公司股票

A公司

❶從員工的薪資預扣

真開心！可以領獎勵金

據說獎勵金通常是提撥金額的5～30%

其實員工持股制度對公司也有好處，那就是可以激發員工的幹勁。由於持股的股利發放水準和股價，會受到公司的業績好壞牽動，所以這項制度**可培養員工積極推動公司事業的態度**——換言之，員工會主動採取「有助於推升企業價值」的行為，讓公司業績成長可期。此外，員工持股會每月穩定買進公司股票，也有助於穩定股價。

可提振員工的工作動機，還能帶動業績成長

第7章

08 什麼叫做IPO？

投資股票要分析「哪一檔股票會漲？」往往既耗時又費事。
因此，「IPO股票」成了很受歡迎的投資選項。

　　IPO是「Initial Public Offering」的簡稱，也就是企業第一次在證券交易所上市發行的股票。透過IPO，企業就可在證券交易所掛牌，賣出股票，藉以籌措新的資金；而投資人則可透過IPO，投資未來成長可期的企業。**新掛牌上市的企業往往聲勢驚人，所以備受投資人關注，股價上漲機率也比較高。**

備受投資人關注的IPO

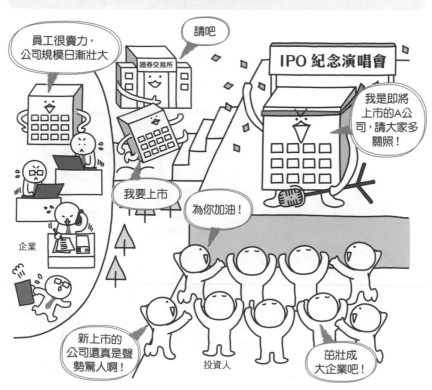

IPO股票的魅力，在於「承銷價與掛牌開盤價的落差」。承銷價是證券公司在股票正式掛牌前，提報給投資人的價格。投資人在申購IPO股票後，若能幸運中籤，就可以以承銷價買股。不過，新股上市的開盤價有時也會跌破承銷價，需特別留意。

從「通過IPO申請」到「掛牌開盤價」出現，「獲利了結」的流程

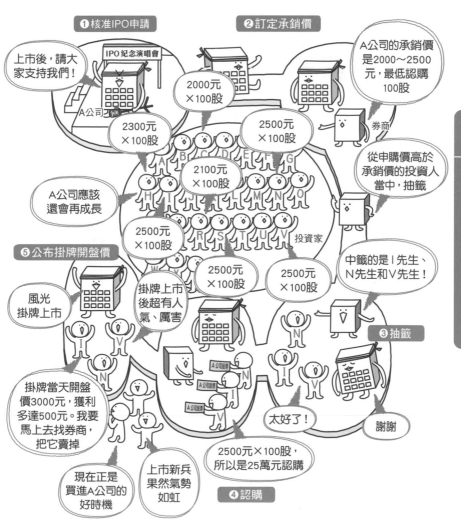

第**7**章

09 何謂併購？

簡稱「併購」的合併與收購，是企業用來擴大事業版圖或度過
經營危機的方法之一。

　　所謂的**併購**（Mergers & acquisitions, M&A），意指「合併與收購」。合併是指整合A公司與B公司，通常會在上面另外創設一家「控股公司」，用來持有公司股權。至於收購，則是當上市公司A有意發動收購時，就會透過大量購買B公司的股票來取得其經營權。**通常A公司並不會消滅這家被收購的B公司，而是繼續保留它旗下的事業。**

合併與收購的差異

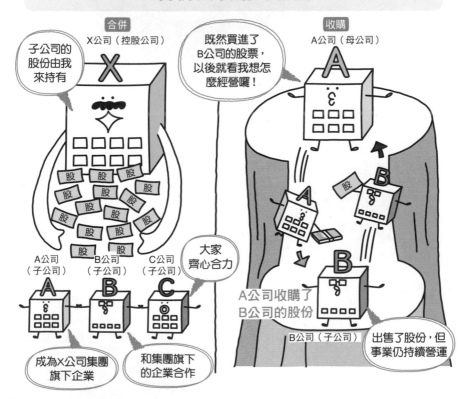

企業發動併購，有幾個目的。一是為了即刻確保事業發展所需的人力、物力或資訊。企業要擴大事業規模或發展新事業時，一般認為併購的優點比從無到有成立公司來得更省時、省錢。不過，這樣做也有缺點。**併購畢竟是整合兩家不同的公司，有時員工會因為水土不服而離職，或需要進行裁員。**

併購的優點與缺點

一起加油吧！

我想收購貨運公司，把麵包配送到全國各地

○×貨運

貨運公司老闆

我要發動收購，才不會錯過壯大事業的良機

收購一家大型的麵包工廠，以提高生產力

麵包的原料是小麥，那就收購整座農場吧！

麵包店

經營者

農場主人

還想收購師傅手藝一流的其他麵包店

★麵包店

我想更壯大事業，發展成排隊名店

員工

如果你願意繼續經營這個小麥農場，就把土地賣給你

麵包師傅

我不排斥被知名麵包店收購

如果要被新公司接管，那我就辭職

麵包店

麵包店的會計

只有我這個會計被解雇啊……

因經營策略而解雇員工

第❼章
10

管理層收購又是什麼？

既然有公司要讓股票上市，也會有選擇將股權私有化，
進而下市的企業——這就是所謂「管理層收購」的方法。

　　假設有一家企業，旗下子公司經營得有聲有色。有一天，母公司爆發經營危機，連累子公司也必須宣告破產。這時子公司的經營團隊出面，向銀行和投資基金籌措資金，買下母公司股權，公司才得以持續經營。這種方法即**管理層收購**（MBO）。**是指由有市場魅力的子公司或事業體切割母公司的一種方法，也可說是企業內部發動的收購。**

管理層收購

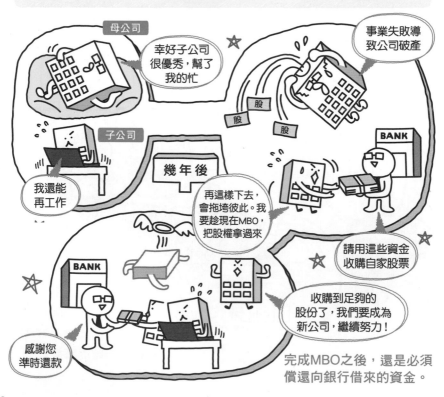

上市公司一旦發生管理層收購，就會下市，企業從此不必再向股東說明利潤分配和策略等事宜，較能自由地操作經營。此外，**母公司在出售股權後，可取得一定程度的資金，能用於重建原本已經風雨飄搖的事業，這也可說是MBO的一項優點**。而在下市之後，通常這家公司就會成為發動收購公司的100%持股子公司。

管理層收購的優點

column
No.7

群眾募資
讓籌措資金變簡單了！

　　在網際網路尚未普及前，大家想開創事業會先在「找金主」上，吃足苦頭。不過，網路問世也使得企業籌措資金的方式出現了變化。其中最具代表性的例子，就是由「群眾」（crowd）和「募集資金」（funding）這兩個字組成的「群眾募資」（crowdfunding）方法。

　　大致而言，群眾募資可分為四種類型：出資者不求對價的「捐贈型」，可領取利息的「債權型」，可領取商品或服務的「回饋型」，以及期望能有資本利得的「股權型」。

　　附帶一提，日本由於受到《金融證券交易法》等法規規範，個人間的轉帳或投資均受限，所以據說在這四大類當中，以捐贈型和回報型的知名度最高。就規模而言，募資以「幾十萬到幾百萬日圓」規模的案件占大宗，但也有成功募得破億資金的案例。目前整個市場規模仍在擴大當中。（台灣情況請見附錄7-1）

第 8 章

了解現代企業的
金錢機制

在商業的世界裡，經常有最新的獲利方法或賺錢方法。本章要更深入帶領大家了解「企業的金錢機制」。

第❽章 01 社群遊戲 爲什麼可以免費玩？

社群遊戲是不分男女老幼，人人都能樂在其中的活動。當中有多款遊戲服務都是免費提供。為什麼這樣的服務能延續呢？

$

　　隨著智慧型手機的普及，社群遊戲爆炸性的竄紅。其中有多款遊戲是基本上免費使用的「**免費制線上遊戲**」（Free to Play, F2P），而並非是針對遊戲作品訂定售價的「買斷型」。那麼，F2P究竟如何獲利？近年來，熱門遊戲作品的主要收入來源是所謂的「**戰利品箱**」（Loot Box），也就是為了在遊戲裡取得道具的付費系統。

社群遊戲和傳統遊戲的差異

過去

新作品

唔……
我400-500元的
零用錢，買不起任何
一款新遊戲

光付錢買遊戲就好，之後
不會再花錢追加費用。

現在

用手機就能免費玩，
不必特地再付錢

遊戲本身免費，玩遊戲時
可自行決定是否付費。

所謂的「戰利品箱」，就是付了幾百元的電子貨幣，便可在遊戲裡隨機獲得道具的服務。遊戲公司運用這一套機制向部分玩家收費，為遊戲帶來收益，我們稱之為「**免費增值**」（freemium）。此外，**由於數位內容的修改、複製都很簡便，再加上多數玩家都使用社群網站，所以可不花任何宣傳費，就讓遊戲在網路上分享、擴散**，這都是網路平台才有的優點。

線上遊戲的優勢是只要有極少數的付費玩家就能生存

我要連抽300次，直到抽出特殊角色為止！先付3000元吧！

玩免費的就很夠了吧……

多數玩家

極少數玩家

one point

一般玩家免費（free），部分玩家付費（premium），打造出有收益的免費增值模式。

❶ 成本低

數位內容的修改、複製很簡單，成本低廉。

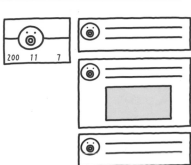

❷ 方便分享擴散

服務和使用者都與社群網站連動，方便分享、擴散。

02 AKB48和至今出現的偶像有何不同？

新生代偶像「AKB48」形成一種社會現象，它究竟有什麼地方，不同於以往的商業模式？

$

　　AKB48是2005年時，音樂製作人秋元康精心打造所組成的偶像團體。她們推出的作品接連成為百萬暢銷金曲，甚至還發展成社會現象。AKB48和至今出現偶像最大的不同之處，在於她們是「**能見面的偶像**」。她們在秋葉原的小劇場裡演出，並**舉辦握手會等活動，讓歌迷可與偶像面對面交流，以便在歌迷心目中深植「我就是支持她（這個團體）」的印象**。

深植「我栽培她走紅」的印象

❶可輕鬆參與的演唱會

我得要去幫B子加油打氣，支持她才行啊……！

實際和她聊過之後，發現她果然是個好女孩……！

❷可面對面交流的握手會

對AKB48的CD銷售收入貢獻甚鉅的，是「選拔總選舉」。這項活動是歌迷用AKB48單曲CD裡附贈的投票券，投票給自己支持的成員，以決定她們在下一張單曲上的排序地位。這項總選舉還建立了一套期中發表的機制，也就是**在選戰期間公布當時的排名順位，而歌迷為了讓自己支持的成員更能名列前茅，就會拼命購買CD**（※於第2屆之後取消）。

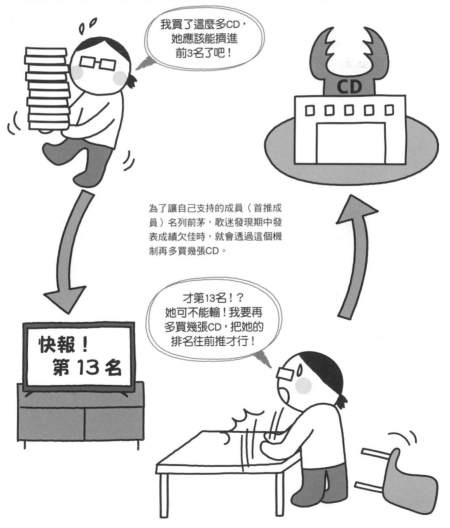

歌迷會彼此競爭的AKB循環

我買了這麼多CD，她應該能擠進前3名了吧！

CD

為了讓自己支持的成員（首推成員）名列前茅，歌迷發現期中發表成績欠佳時，就會透過這個機制再多買幾張CD。

快報！
第 13 名

才第13名！？
她可不能輸！我要再多買幾張CD，把她的排名往前推才行！

網飛為什麼製作
原創電影和影集？

為什麼網飛不只上架既有的電影作品，還要製作原創的電影和
影集呢？

$

現在包括網飛（Netflix）在內，互錄（Hulu）和亞馬遜Prime影音
（Amazon Prime）等定額制的串流影音服務相當風行。社會上已從付
費購買電影DVD和音樂CD等**「物品」的傳統服務形式，轉往每月付
固定金額，就能隨時隨地、盡情享受自己喜歡的電影或音樂，也就是
購買「體驗」的服務**。而這種商業模式就是所謂的「**訂閱模式**」。

隨時隨地、盡情享受的訂閱模式

可在家中透過電腦欣賞

也可在外出時
透過手機欣賞

one point

不是只能在特定裝置
（device）上欣賞影音
作品，而是只要能連線
上網，就能在任何地方
體驗的服務。

還能透過朋友家的電視欣賞

在訂閱制當中，懂得打造「加入簡單、退出不易」的結構，不可或缺。換言之，**業者要提供多元的付費方案，網羅更多顧客，還要善用自家平台特有的功能或品質，來防止顧客退訂**。網飛利用畫質等條件，提供顧客3個不同等級的資費方案；還自行製作、發行許多獨家精彩的內容，並上架到自家平台，搏得了無與倫比的高人氣。

網飛讓其他同業望塵莫及的服務

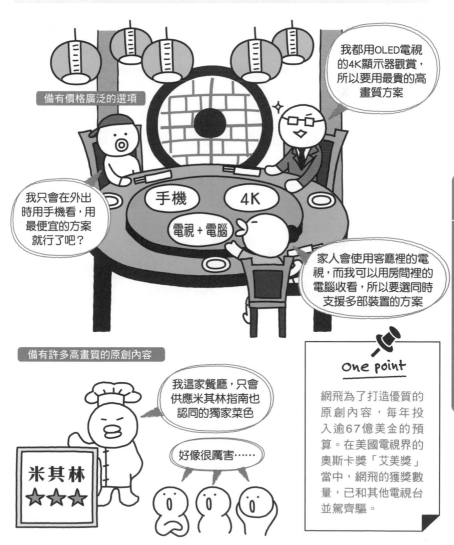

第8章 04

ZOZOTOWN推出的「ZOZOSUIT」究竟為何？

ZOZOTOWN自2017年底開始接受預約的「點點緊身感測衣」，究竟有什麼過人之處？

「ZOZOSUIT」是由流行服飾電商ZOZOTOWN推出的**「點點緊身感測衣」**。以往消費者在網路上買衣服的一大缺點是「不確定尺寸合不合」。因此，ZOZOTOWN透過**免費發放這一套只要穿上，就能自動測量全身尺寸，並將內容記錄在手機裡的緊身衣，在市場上掀起了相當大的話題。**

讓線上買衣服不再出錯的ZOZOSUIT

這樣一來，我就算不出門，也能買到適合我的衣服……！

全身上下的尺寸都會記錄在應用程式裡，可隨時更新、瀏覽。

手腕圍的尺寸

胸圍尺寸

腰圍尺寸

股下尺寸

※2018年10月31日，ZOZO宣布未來將讓量體緊身衣逐步退場。（根據《商業周刊》報導第一代ZOZOsuit因零件生產不及等問題，公司一賠就是40萬日圓）

ZOZOTOWN在發表ZOZOSUIT的同時，也宣布將成立**自有品牌**（PB）「ZOZO」。這個品牌是用ZOZOSUIT量測出來的體型資料，提供「最適合個別顧客」的服裝。此外，在全球72個國家發放的量體緊身衣，蒐集了不同**性別、年齡層與國家民眾的身型尺寸資料，數量龐大，是未來開發服裝產品時，在尺寸和設計方面的寶貴參考資料。**

好處是ZOZO能蒐集到全球各國的服裝尺寸資料

第8章
05
$
亞馬遜不會因不良存貨而虧損嗎？

亞馬遜的商品從熱銷到冷門一應俱全。為什麼它的守備範圍包括不好賣的商品呢？

　　全球最大電商網站亞馬遜（Amazon），有人說它「什麼都能賣」，銷售品項的齊全程度，實體商店絕對辦不到。而其中的祕密，就在於亞馬遜擁有相當龐大的物流倉庫。像亞馬遜這樣不只賣熱銷品，連冷門商品都一應俱全的商業模式，就是所謂的「**長尾理論**」。以亞馬遜為例，**營收一半以上都是由這些冷門商品所累積的。**

「銷售冷門商品，以創造獲利」的長尾理論

熱銷商品和新商品占整體營收的20%

銷量不怎麼樣的冷門商品，則占了整體營收的80%

營收數字（縱軸）

商品種類（橫軸）

「亞馬遜可能有賣」——成功將使用者的信任提升到這種水準的另一個主因是「**電商市集**」（Marketplace）。這個平台打造出**連自行開店的自營業者也能自由上架商品的一套機制**，不是由亞馬遜直接銷售商品。推出電商市集後，亞馬遜就連極小眾的品類也得以補強；對自由工作者而言，則是多了一個銷售不容易銷售商品的平台。雙方因而建立起雙贏的關係。

銷售品項更小眾的電商市集

One point

亞馬遜的另一個強項，就是迅速配送。各地的大型物流倉庫可在下單後1～2天內配送，這一點也牢牢地抓住了使用者的心。

自營業者會將自家商店賣不完的商品，放到亞馬遜上銷售

店裡沒地方陳列的商品，都可以拿來賣掉，真是太好了……！

自由工作者

網路
改變了商業

在現代社會當中，不只手機可以上網，所有電器用品，甚至各項社會基礎設施都已逐漸走向數位化，網路已成為你我日常生活中不可或缺的一環。光是「購物」，就可發現選擇「網路購物」族群，正呈現爆炸性的成長。

網路上會留下龐大的數據資料，也就是所謂的「記錄檔」（log）。以往由於缺乏儲存技術，又沒有分析所需的技術，所以都直接清除這些資料。然而，隨著設備的儲存容量增加，儲存技術也提升，我們已可從這些記錄檔當中，萃取出有用的資訊，例如消費者的動向等。這些不斷累積而來的龐大資訊，我們稱之為「大數據」（big data）。未來，隨著這些數據資料的分析逐步發展，想必一定能催生嶄新的商機與服務。

不過，這些在網路上的商業活動，目前仍有洩露個人資訊、未授權扣款等問題，資訊安全尚難稱完備。看來網路恐怕還要再花些許時間，才能成為一項可供你我安全使用的工具。

第 9 章

了解急難時
能派上用場的資金

人生有時難免會發生
出乎意料的意外，例如受傷、生病等。
因此，讓我們認識該預先備妥的
急難資金，好好學習它們的機制吧！

何謂社會保險？

政府為了讓你我都能過健康的生活，在社會上拉起了各式各樣的安全網。讓我們一起看看有什麼吧！

　　人人都希望一輩子活得健康平安，但有時就是會因為生病、受傷，而無法工作。另外，人的平均壽命變長，固然很可喜，但如果我們一把年紀了，卻還要為了賺取生活費而工作，那就太辛苦了。而**社會保險**就是為了因應這種困境所做的準備。附帶一提，凡是居住在日本的民眾，原則上都必須投保社會保險。

凡是住在日本的民眾，都必須投保

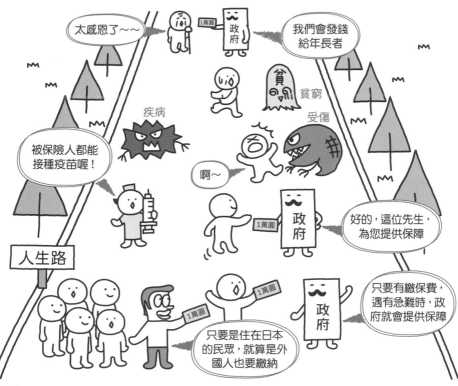

在日本，可稱為社會保險的共有五大類：在醫療院所出示健保卡，就能降低醫藥費負擔的醫療保險（健康保險）；上了年紀後就能領到錢的年金保險；失業或受傷、生病時會給付的勞工保險（就業保險＋職災保險），還有40歲以上民眾要投保的長照保險。（台灣情況請參考附錄9-1）不過，**光靠社會保險，根本無法支應所有開銷。**

社會保險何時會派上用場？

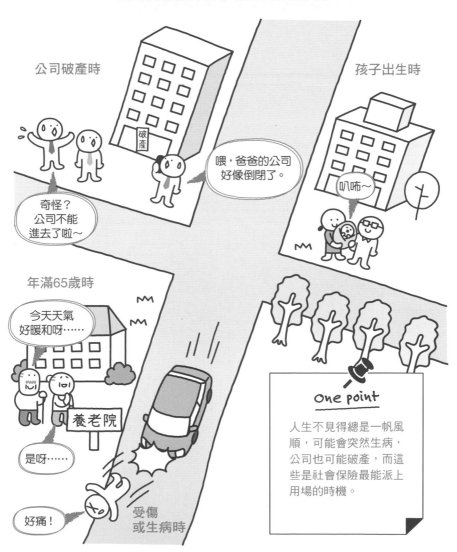

第❾章

02

!!

認識醫療保險的機制

你我至少每年都會跑一次醫療院所。看診時,各位應該都會付醫藥費。醫藥費究竟是一套什麼樣的機制?

　　在前一個項目當中,我們談到社會保險當中還包括了**醫療保險**。居住在日本的每一位民眾,都投保了某些醫療保險,並持有保險卡。這張保險卡的好處,在於到醫療院所看診時,只要出示,原則上就僅需負擔3成的費用,剩下的7成則由保險給付。因為有這樣的保險機制,所以我們感冒、牙痛時,才能毫不遲疑地到醫院看病。

不同身分民眾可投保的各種醫療保險

○X公司

市公所

上班族、公務員投保健康保險

部分負擔為3成

自由工作者投保國民健康保險

蔬菜水果行

我也負擔3成

75歲以上的民眾則納入後期高齡者醫療制度

部分負擔為1成

one point

即使到75歲以上,還是要繳納這份保險費。應繳納的金額會因個人收入而異,大部分長輩每月繳納的金額約為1萬日圓

在醫療保險機制下，基本上民眾看診只需負擔3成醫藥費，學齡前兒童則為2成。不過，有些地方政府會免除民眾的部分負擔。此外，由於許多年長者的醫藥費會增加，故必須加入另一個不同系統的「後期高齡者醫療制度」。納入這個機制後，長輩看診只須繳付1成的部分負擔。萬一不幸住院，上述這些醫療保險也會給付，但餐費、雜費等並不屬於給付範圍，需特別留意。

住院1天的平均自付金額是多少？

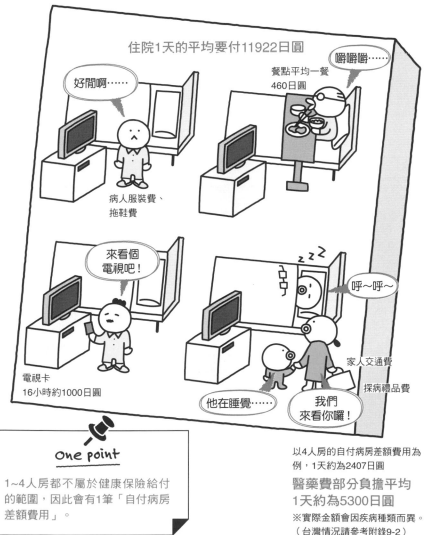

住院1天的平均要付11922日圓

嚼嚼嚼……

好閒啊……

餐點平均一餐460日圓

病人服裝費、拖鞋費

來看個電視吧！

呼～呼～

z z z

電視卡
16小時約1000日圓

他在睡覺……

我們來看你囉！

家人交通費

探病禮品費

one point

1~4人房都不屬於健康保險給付的範圍，因此會有1筆「自付病房差額費用」。

以4人房的自付病房差額費用為例，1天約為2407日圓

**醫藥費部分負擔平均
1天約為5300日圓**

※實際金額會因疾病種類而異。
（台灣情況請參考附錄9-2）

第9章 03 !!

老後由保險來照顧

你我都不希望將來老了之後成為家人的負擔。因此，讓我們來認識一下長照保險的機制吧！

早期，大家認為「年邁父母由子女照顧」的觀念很理所當然。然而，如今全體國民邁向高齡化，再加上核心家庭、晚婚等趨勢，使得社會上有愈來愈多人無法看顧父母，於是日本政府便在2000年開始施行官方的**長照保險**制度，政策方向也改為「由政府代替家人照顧長輩」。日本國民自40歲起就要繳納長照保險費，原則上在65歲以後，即可享受長照服務。（台灣情況請見附錄9-3）

長照保險適用與否需經認定

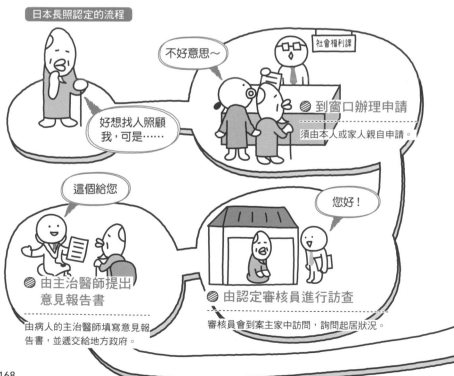

日本長照認定的流程

不好意思～

社會福利課

好想找人照顧我，可是……

● 到窗口辦理申請
須由本人或家人親自申請。

這個給您

● 由主治醫師提出意見報告書
由病人的主治醫師填寫意見報告書，並遞交給地方政府。

您好！

● 由認定審核員進行訪查
審核員會到案主家中訪問，詢問起居狀況。

附帶一提，上班族和自由工作者繳納長照保險費的方式不太一樣。上班族的保費是和健康保險費加總後，直接從薪資當中扣除；自由工作業者則是和國民健康保險費一起繳納。各地方民眾負擔的金額不盡相同，日本全國平均約為5300至5500日圓。不過，民眾若要使用長照服務，須主動向市町村提出申請，並經過漫長的認定程序，再加上照服員的人手不足等因素，因此這項制度目前尚未達到完善的狀態。

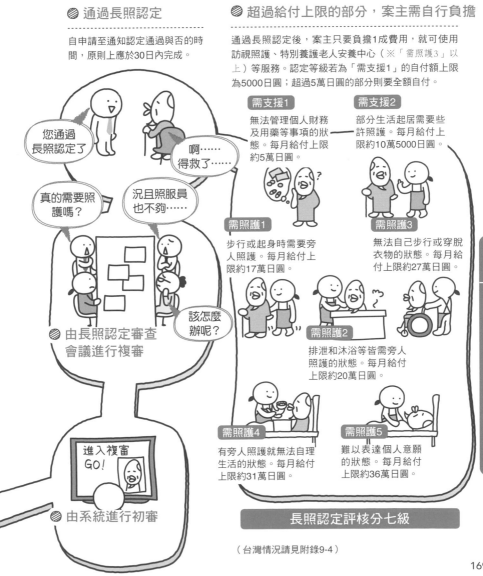

◉ 通過長照認定

自申請至通知認定通過與否的時間，原則上應於30日內完成。

您通過長照認定了

啊……得救了……

真的需要照護嗎？

況且照服員也不夠……

◉ 由長照認定審查會議進行複審

該怎麼辦呢？

進入複審 GO!

◉ 由系統進行初審

◉ 超過給付上限的部分，案主需自行負擔

通過長照認定後，案主只要負擔1成費用，就可使用訪視照護、特別養護老人安養中心（※「需照護3」以上）等服務。認定等級若為「需支援1」的自付額上限為5000日圓；超過5萬日圓的部分則要全額自付。

需支援1
無法管理個人財務及用藥等事項的狀態。每月給付上限約5萬日圓。

需支援2
部分生活起居需要些許照護。每月給付上限約10萬5000日圓。

需照護1
步行或起身時需要旁人照護。每月給付上限約17萬日圓。

需照護3
無法自己步行或穿脫衣物的狀態。每月給付上限約27萬日圓。

需照護2
排泄和沐浴等皆需旁人照護的狀態。每月給付上限約20萬日圓。

需照護4
有旁人照護就無法自理生活的狀態。每月給付上限約31萬日圓。

需照護5
難以表達個人意願的狀態。每月給付上限約36萬日圓。

長照認定評核分七級

（台灣情況請見附錄9-4）

第 9 章 了解急難時能派上用場的資金

169

04

遇意外急難時，
商業醫療保險就能用得上

電視上每天都在播放商業保險公司的廣告，
但投保後究竟可以享受什麼樣的服務？

　　其實醫療保險不只有官方版本，還有民間企業推出的方案。如果只是小感冒、受傷，官方的醫療保險就足以支應；萬一遇到重大傷病，需長期住院時，就要扛起相當沉重的負擔。此時，**商業醫療保險**就能派上用場了。它的基本運作機制是只要投保，日後遇有需住院、動手術等醫療行為的重大傷病時，保戶就能領到理賠。

官方醫療保險和商業醫療保險的差異

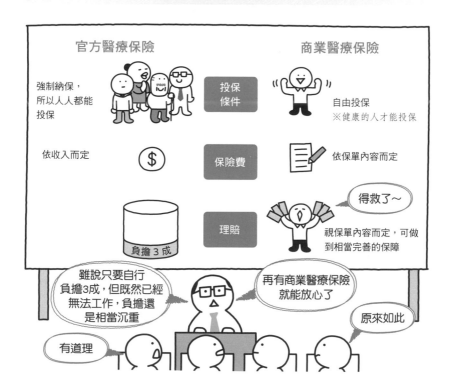

商業醫療保險的方案五花八門，各家公司都不同。不過，其中多數都會透過住院日額、附約，打造出可變更保單內容或帳面金額的機制。一般而言，基本設定都是住院平均1天理賠5000日圓；想住單人病房者，基本設定則為1萬日圓。此外，商業醫療保險都是以現金理賠，即使保戶收到的理賠金額高於實際開銷，也不必退還。（台灣情況請見附錄9-5）

豐富多樣的商業醫療保險方案

第**⑨**章
05
與房屋有關的金錢機制

不幸遭逢祝融之災或地震時，對你我的心理層面和財務層面，
都會造成很嚴重的打擊。只要投保相關保險，至少在財務面向
上應該可以放心。

　　繳了35年期的房貸，好不容易才蓋了自己的房子，當然不希望人
生最大的寶物在火災或地震中損毀。因此，投保能在遭逢祝融或地震
時理賠的**火災保險**和**地震險**，才是明智之舉。附帶一提，火災保險不
只針對火災提供保障，雷擊、風災、雪災等災害也都會理賠。還有，
不只建物會納保，家具家電等也屬於火災保險的納保範圍。（台灣情
況請見附錄9-6）

火災保險可全方位守護家園

火災保險的理賠金額，可分為補償投保時之房屋價值的「重置成本」，和用投保時房屋價格減去折舊後，再行補償的「實際現金價值」。若只補償實際現金價值，根本不足重建家園，建議各位投保理賠重置成本的保險。附帶一提，雖然火災保險不屬於報稅時列舉扣除的項目，但在日本，地震險有所謂「地震保險費列舉扣除額」，是一套能為你我省荷包的制度。（台灣情況請見附錄9-7）

投保金額會因保單內容而有所不同

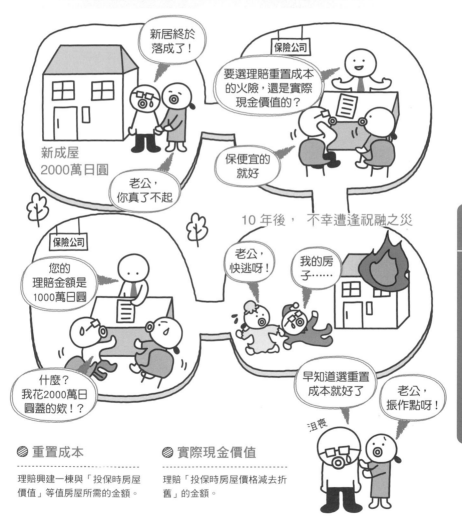

◉ 重置成本

理賠興建一棟與「投保時房屋價值」等值房屋所需的金額。

◉ 實際現金價值

理賠「投保時房屋價格減去折舊」的金額。

第⑨章
06 最好先知道的年金知識

「老」是不分你我，每個人都要面對的事。因此，就讓我們從現在起，想想老後的年金該怎麼處理吧！

「以後**年金**能領到的金額，是不是會縮水啊？」我想各位應該都聽過這種危在旦夕的質疑。原因在於年金的發放機制，是把青壯世代所繳納的保費，原封不動的轉發給目前已在請領年金的族群。當人口不斷增加時，這個機制當然沒有問題，可是，當前的日本面臨少子化日益嚴重的窘況。再加上**很多年輕族群認為「反正我領不到年金……」，便拒絕繳納保費，這也造成問題**。

為什麼大家都說年金會破產？

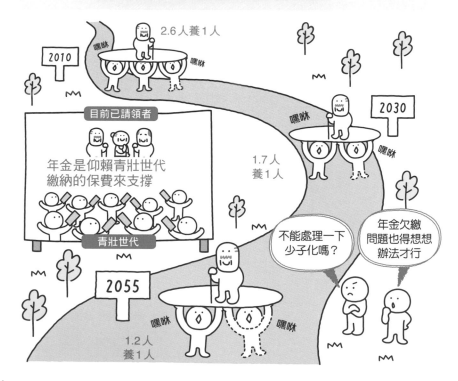

然而，政府仍持續努力，透過將部分年金投入金融市場投資運用，也提高年金請領年齡等，再三試算期望能讓民眾請領的年金額度不會縮水。此外，日本政府針對投保厚生年金（絕大多數上班族、公務員都投保這項年金保險，雇主和勞工各負擔50%保費，投保10年以上者，自65歲起即可請領年金，類似台灣的勞保退休金）和國民年金（凡居住在日本，年滿20歲、未滿60歲，且未投保厚生年金保險者，都要投保國民年金保險，類似台灣的國民年金）的被保險人，會於每年的生日月分寄送「年金定期通知」。民眾可從這份通知書當中，了解自己將來能請領到的年金金額，是相當重要的文件，請各位務必仔細確認。（台灣情況請見附錄9-8）

何謂年金定期便？

❶ 投保期間
可確認自己何時開始繳納和已繳納多久

❷ 已繳保費金額
資料上會載明累計已繳納金額，被保險人可用投保月數相除，確認是否正確

one point
日本民眾每年會在生日月分收到年金定期通知，只要檢視4大重點，就能確認個人投保狀況有無問題。

年金定期通知

❸ 年金給付金額
資料上會依目前已繳納的保費，載明給付金額。日後只要持續繳納，給付金額就會增加

❹ 近期每月狀況
檢視每月繳納金額是否有誤。由於這是近期的資訊，所以可憑感覺掌握年金狀況

07

!!

老後要花多少錢？

很多人都希望退休後能過安穩的年金生活。不過，只能光靠年金過活或許還是讓人覺得有點不安。

　　根據日本總務省所做的家計調查指出，夫妻2人每月可領到的年金金額，平均約為19萬日圓。儘管到了這個階段，養兒育女已經告一段落，夫妻飲食量也不多，但要把生活開銷控制在這個金額之內，還是有一定的難度。因此，我們來試想靠年金過活的日子有哪些開銷，算出每個月至少需要多少**老後資金**吧！懂得盡量預做準備，以免將來為錢發愁，是很重要的觀念。（台灣情況請見附錄9-9）

退休前該做好準備的事

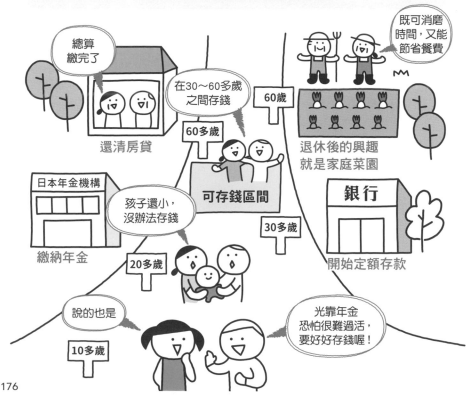

既可消磨時間，又能節省餐費

總算繳完了

在30~60多歲之間存錢

60歲

還清房貸

60多歲

可存錢區間

退休後的興趣就是家庭菜園

日本年金機構

孩子還小，沒辦法存錢

銀行

30多歲

繳納年金

20多歲

開始定額存款

說的也是

光靠年金恐怕很難過活，要好好存錢喔！

10多歲

萬一進入退休生活，才發現自己準備的老後資金不夠充裕，那就只能再工作賺錢貼補了。如今健康壽命不斷延長，65歲以上仍能勝任的工作愈來愈多，預估今後這樣的工作機會還會增加。要是在退休後還能有現金收入，的確讓人心安。及早調查銀髮世代的職業選項，鎖定大致目標，也不失為一個方案。

65歲以上仍能勝任的職業

💡若退休後收入太多，年金給付金額恐縮水

年滿65歲者，若薪資和年金加總金額達46萬日圓以上，厚生年金的給付金額就會減少，基礎年金則會不符給付條件。

今天也要打掃乾淨喔！

大樓清潔工

計程車司機

TAXI

嘿！計程車～

大樓管理員

歡迎光臨～

便利商店店員

24

KONDO漢堡

速食店店員

要不要搭配薯條？

○○公園

公園清潔工

叭咘～

第9章
08
‼

如何累積更多老後資金？

各位聽過有人將年金制度比喻成房子，用「2層保障」、「3層保障」等說詞來描述它嗎？快讓我們一起來看看現在的年金結構吧！

如果把支撐老後生活的國民年金（基礎年金）比喻成房子的第1層樓，那麼第2層樓就是上班族、公務員的年金制度——厚生年金，以及自由工作者投保的附加年金或國民年金基金；至於第3層則是公務員特有的「年金退休給付」，或是有些企業自行辦理的「企業年金」，還有各行各業共通的個人型確定提撥年金（Individual-type Defined Contribution pension plan, iDeCo）。

年金可往上疊加

附帶一提，「iDeCo」選用的是「確定提撥年金」制度，所以被保險人可自行操作年金的投資。因此，將來給付的年金金額多寡，端看投資操作的績效好壞。它的投保期間至少10年，給付則自60歲開始。此外，iDeCo的最低提撥保費為每月5000日圓，原則上不可提前解約，但保費可列舉扣除。所以為了累積老後資金和節稅，建議各位不妨試著實際操作看看。

iDeCo的運作機制

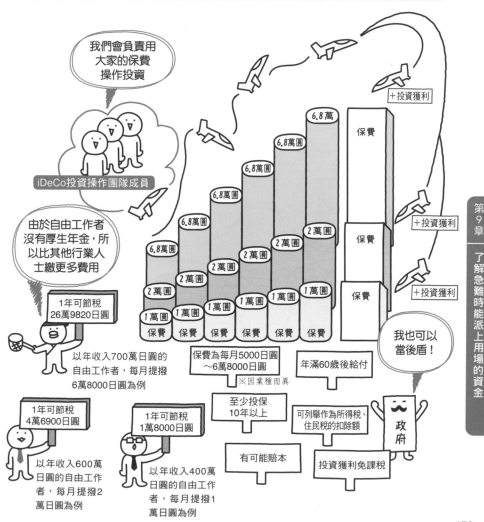

我們會負責用大家的保費操作投資

iDeCo投資操作團隊成員

由於自由工作者沒有厚生年金，所以比其他行業人士繳更多費用

1年可節稅26萬9820日圓

以年收入700萬日圓的自由工作者，每月提撥6萬8000日圓為例

1年可節稅4萬6900日圓

以年收入600萬日圓的自由工作者，每月提撥2萬日圓為例

1年可節稅1萬8000日圓

以年收入400萬日圓的自由工作者，每月提撥1萬日圓為例

保費為每月5000日圓～6萬8000日圓
※因業種而異

至少投保10年以上

有可能賠本

年滿60歲後給付

可列舉作為所得稅、住民稅的扣除額

投資獲利免課稅

+投資獲利

保費

我也可以當後盾！

政府

第9章 09 !! 該投保壽險嗎？

沒人知道自己10年、20年後會碰上什麼事。懂得多了解萬一遭逢不幸時可仰賴的「壽險」，也很重要。

　　儘管機率相當低，但人人都有可能因為生病、意外而突然喪生。況且如果亡故的是上班族，留下遺孀和遺孤時，通常每月可領到約12萬日圓的政府遺屬年金。但光靠這樣的收入，還是很難支應生活開銷，所以要投保**壽險**才能更放心。（台灣情況請見附錄9-10）所謂的壽險，大致可區分為「短期壽險」和「終身壽險」。

光有遺屬年金還不夠

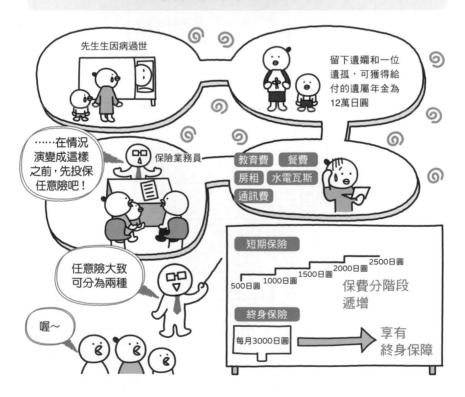

此外，還有一種比較新穎的保險，目前大眾還不太熟悉，那就是被保險人死亡時，可保障一份收入的「收入保障保險」。這種保險每月要繳納保費很低，繳得愈久，保額還會遞減，最後會降到零圓。不過，對於家中育有幼兒等需要較多保障的人來說，還是有它的優勢。

對留下來的家人很有幫助的收入保障保險

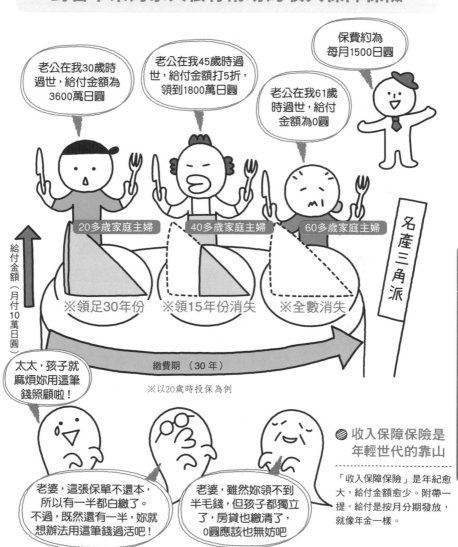

老公在我30歲時過世，給付金額為3600萬日圓

老公在我45歲時過世，給付金額打5折，領到1800萬日圓

老公在我61歲時過世，給付金額為0圓

保費約為每月1500日圓

20多歲家庭主婦　40多歲家庭主婦　60多歲家庭主婦

名產三角派

給付金額（月付10萬日圓）

※領足30年份　※領15年份消失　※全數消失

繳費期（30年）

太太，孩子就麻煩妳用這筆錢照顧啦！

※以20歲時投保為例

老婆，這張保單不還本，所以有一半都白繳了。不過，既然還有一半，妳就想辦法用這筆錢過活吧！

老婆，雖然妳領不到半毛錢，但孩子都獨立了，房貸也繳清了，0圓應該也無妨吧

● 收入保障保險是年輕世代的靠山

「收入保障保險」是年紀愈大，給付金額愈少。附帶一提，給付是按月分期發放，就像年金一樣。

第❾章

10

汽車應投保任意險

保險不只在你我成為被害人時能派上用場，就連成為加害者時，也能幫得上忙。車險就是為這個族群而生的保險。

在日本，車險有法律規定強制投保的**強制汽車責任險**，以及車主可自行選擇投保的**任意險**。強制汽車責任險在肇事而致他人受傷時，最高可理賠120萬日圓；致人身故時，最高可理賠3000萬日圓。大家或許覺得理賠金額很可觀，但若發生車禍意外，有時就是會被要求高額賠償。附帶一提，以往車禍賠償最高金額的判例，曾出現5億843萬日圓的天價。（台灣情況請見附錄9-11）

強制汽車責任險和任意險的差距竟然這麼大

只投保強制險時

傷亡賠償
受傷 120 萬日圓
死亡 3000 萬日圓

財物損失賠償
無

撞上腳踏車啦

車輛賠償
無

和解協商
無保障

一旦出了車禍，要給對方的賠償包括醫藥費和慰撫金等，項目繁多，金額也相當可觀。投保任意險，可將賠償設定為無上限，建議各位務必投保。附帶一提，駕駛人不只可能肇事，也可能被捲入車禍。遇有這種情況時，當事人必須自行與對方當事人的保險公司協商賠償事宜，所以加保律師費用補償附約，處理車禍會更方便。

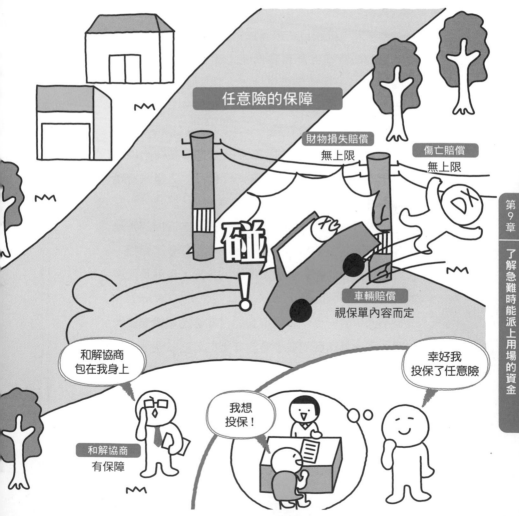

國民年金繳費率
其實僅約 40%

　　近年來，據說日本很多民眾都沒有繳納年金的保費。它的繳費率究竟有多低呢？2017年的實際繳費率僅約40%，屬於偏低的水準。儘管這當中還包括因低收入而獲得保費減免的族群，但可想見而知，一定也有人只是單純的欠費。

　　附帶一提，日本國民年金的繳費率高峰出現在1990年代初期，當時繳費率突破80%。之後就持續走跌，目前更已陷入跌跌不休的窘境。

　　造成繳費率低迷的主因之一，是日本政府的管理鬆散，以至於在2007年爆發部分年金有繳款紀錄，卻無法辨識屬於哪一位民眾所繳的情況，也就是所謂的「消失的年金問題」。

　　不過，政府表示將來不會給付年金給未繳保費的民眾，因此低繳費率並不會對年金的財務狀況造成太大的影響。儘管如此，未繳保費的民眾，將來若得不到政府提供的生活補助，生活恐將無以為繼，屆時就有可能動搖國家財政。

第 10 章

繳稅
也很重要

上班族不知不覺就去繳稅了，
所以不太會去思考繳稅這件事。
不過，既然稅務是社會人士的常識，
建議各位還是要多學習相關知識。

第⓾章
01

為什麼要繳稅？

自己賺的錢，竟然被收去國家財庫……為了安撫這些難以釋懷的讀者，這裡我們先來思考稅金存在的意義。

　　在國民應盡的義務當中，有一項是「納稅」，也就是說你我工作賺來的錢，有一部分必須化為**稅金**，繳納給政府，但恐怕還是有人覺得「實在不想繳稅」。不過，**社會上有族群，是靠著你我所繳的稅金維持生計的。比方說，公立學校老師、警察、市政府職員等，也就是所謂的公務員**。換言之，說是你我市井小民出錢聘雇了這些人，一點也不為過。

稅金是住在國家所需的管理費

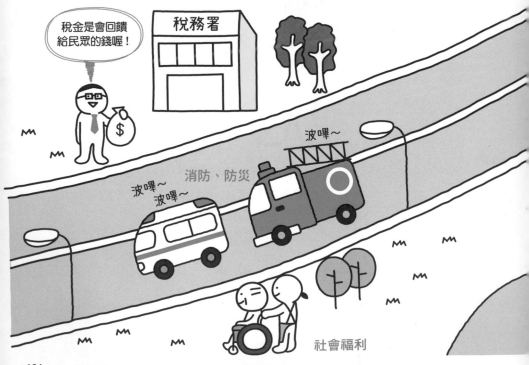

稅金是會回饋給民眾的錢喔！

稅務署

波嗶～

消防、防災

波嗶～
波嗶～

社會福利

若把國家比喻成社區華廈，那麼我們就可以把公務員想成大樓管理員，而我們繳納的稅金，就像維持大樓各項公共運作的管理費。只要把稅金當成是大家一起出錢，來維持「國家」這個龐大社區華廈的運作，各位應該就能明白繳稅的意義了吧？附帶一提，**繳稅是國民應盡的義務，所以拖欠、逃漏都屬重罪，請各位務必留意。**（台灣情況請見附錄10-1）

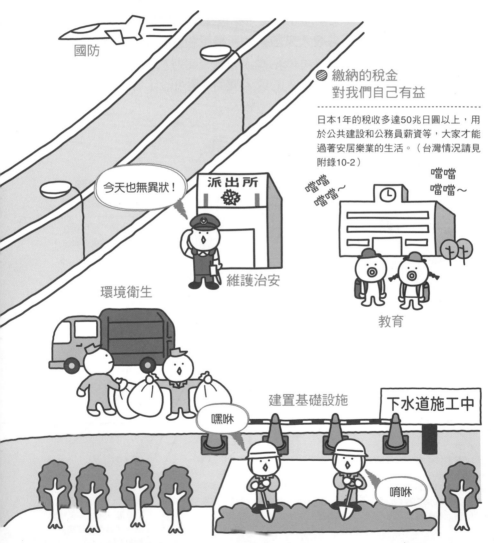

稅金有哪些種類？

被稱為「稅金」的項目實在太多，實在很難搞清楚，對吧？因此，這裡要簡單地說明稅金的機制。

你我平常所繳納的稅金，大致上可分為「**直接稅**」和「**間接稅**」這兩種。**「直接稅」如文字所示，是一種直接繳納給政府或地方政府的稅金，例如你我用部分收入來繳納的所得稅和營利事業所得稅，就是屬於這一類。**它的特色是可依納稅人的負擔能力，靈活調整課徵條件，例如稅率級距會隨著納稅人的收入變動，還可設定各種扣除額以減少稅額等。

直接稅的種類

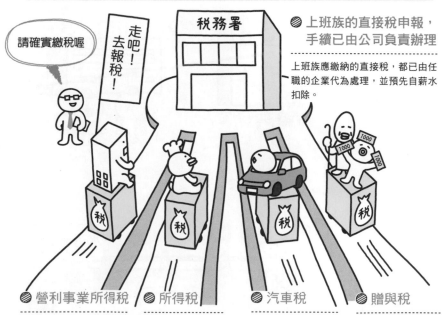

請確實繳稅喔

走吧！去報稅！

稅務署

● 上班族的直接稅申報，手續已由公司負責辦理

上班族應繳納的直接稅，都已由任職的企業代為處理，並預先自薪水扣除。

● 營利事業所得稅

股份有限公司或合作社法人繳納營業活動賺取的部分所得，作為稅金之用。

● 所得稅

對個人所得課徵的稅金。用課稅所得乘以規定的稅率來計算。

● 汽車稅

對汽車課徵的稅金，金額會依車輛用途、總排氣量和車齡而有所不同。

● 贈與稅

收受來自個人的財產時要負擔的稅金，110萬日圓以下免申報。（台灣情況請見附錄10-3）

間接稅是指稅金的負擔者，和實際繳稅給中央或地方政府者並非同一人的稅金，例如酒稅和消費稅等屬於此類。這一項稅款並非由消費者自己繳納，而是由商家收到消費者所付的稅金後，再繳納給稅捐機關。另外，不論民眾有無收入，間接稅皆可以以同一稅額、同一稅率向民眾課稅。未來直接稅會因人口高齡化而減少，間接稅將面臨更多調漲壓力。

間接稅的機制

One point

在間接稅的機制中，實際負擔稅金的是消費者，而繳納稅款的是販售的商家。

有收入就要繳稅

上班族每個月都會收到薪資單，上面的扣除額欄位總會列出所得稅和住民稅。這兩個扣除項目，究竟是什麼樣的機制？

在前一篇中，我們已經說明過**所得稅**大致會被歸類為直接稅。不過，它並不是單純只依年收入多寡，要求納稅人繳稅。**會被課稅的收入金額，我們稱之為「所得淨額」，也就是用薪資減去扣除額之後的金額**。附帶一提，不論是上班族或自由工作者，懂得隨時重新檢視配偶扣除和扶養扣除等扣除額項目，是節稅的關鍵。

上班族的課稅機制 （台灣情況請見附錄10-4）

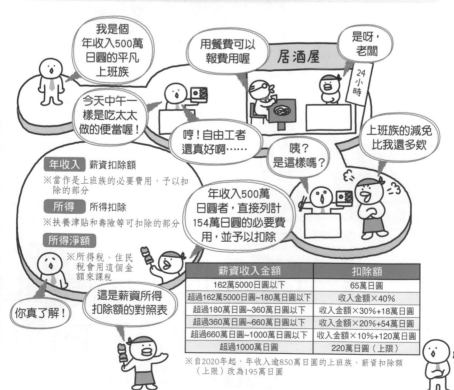

薪資收入金額	扣除額
162萬5000日圓以下	65萬日圓
超過162萬5000日圓~180萬日圓以下	收入金額×40%
超過180萬日圓~360萬日圓以下	收入金額×30%+18萬日圓
超過360萬日圓~660萬日圓以下	收入金額×20%+54萬日圓
超過660萬日圓~1000萬日圓以下	收入金額×10%+120萬日圓
超過1000萬日圓	220萬日圓（上限）

※自2020年起，年收入逾850萬日圓的上班族，薪資扣除額（上限）改為195萬日圓

住民稅這種稅負，是所得愈低者，愈會覺得它比所得稅「課得更重」的一種稅金。因為住民稅是以「所得高低」計算，用10％的稅率，乘上淨所得來課稅，而年收入195萬日圓以下者，淨所得會被課徵的所得稅率是5％，所以稅率10％的住民稅，便顯得格外昂貴。附帶一提，住民稅是針對前一年度的所得課稅。（台灣沒有住民稅相關制度）

何謂年末調整？

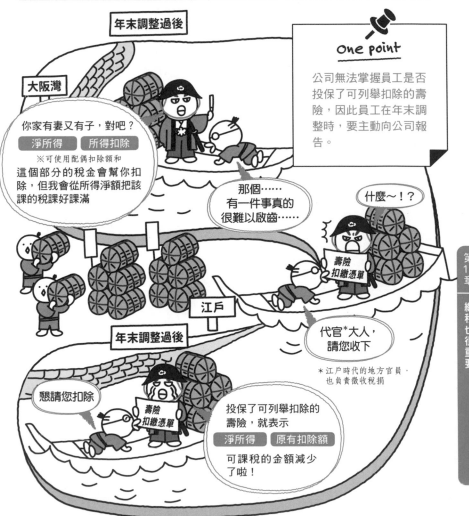

年末調整過後

大阪灣

你家有妻又有子，對吧？

淨所得　所得扣除

※可使用配偶扣除額和

這個部分的稅金會幫你扣除，但我會從所得淨額把該課的稅課好課滿

那個……有一件事真的很難以啟齒……

什麼～！？

壽險扣繳憑單

one point

公司無法掌握員工是否投保了可列舉扣除的壽險，因此員工在年末調整時，要主動向公司報告。

江戶

年末調整過後

懇請您扣除

壽險扣繳憑單

代官＊大人，請您收下

＊江戶時代的地方官員，也負責徵收稅捐

投保了可列舉扣除的壽險，就表示

淨所得　原有扣除額

可課稅的金額減少了啦！

04

大家都會被課徵同樣的稅金

日本的消費稅每隔幾年就調漲一次。這一筆每次購物都要繳納的稅金，您對它的內容究竟了解多少？

消費稅可說是最具代表性的間接稅，日本自2019年10月起已將消費稅調漲到10%。（日本首相岸田文雄在2022年10月舉行的「政府稅制調查會」表示，因為經濟壓力，日本消費稅最快有可能在2024年10月起，再調升至15%）如果是買一顆原價100日圓的蘋果，只要改付110日圓即可。但調升稅率後，要購買房屋等要價數千萬的商品，就要特別留意了。此外，政府在消費稅調漲到10%之後，已實施優惠稅率方案，會有部分商品、服務的稅率維持在8%，部分則為10%，應特別留意。（台灣情況請見附錄10-5）

導入的「優惠稅率」是？

消費稅是向每位消費者課徵的稅金，但並不是所有商品或服務都會被課稅。在日本，除了生育和教育學費等項目之外，網路拍賣這種個人之間的交易行為也不課稅。（台灣情況請見附錄10-6）附帶一提，**課徵消費稅的目的，是要用來充實社會保障**。相較於全球主要國家，日本這10％的稅率絕不算高。若考量到政府日後還要擴大社會福利服務，那麼更進一步加稅也是政府可能考慮的選項。

日本的消費稅究竟是高還是低？

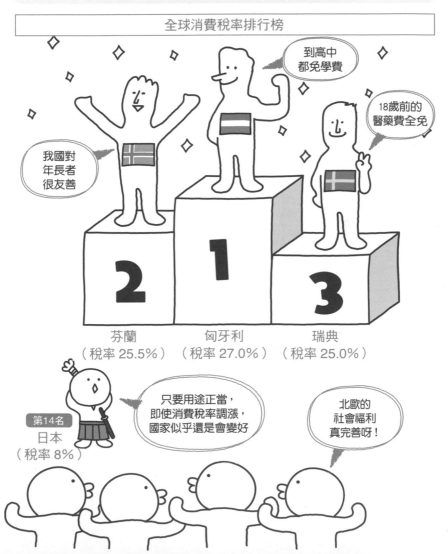

全球消費稅率排行榜

到高中都免學費

18歲前的醫藥費全免

我國對年長者很友善

2 芬蘭（稅率 25.5％）

1 匈牙利（稅率 27.0％）

3 瑞典（稅率 25.0％）

第14名
日本
（稅率 8％）

只要用途正當，即使消費稅率調漲，國家似乎還是會變好

北歐的社會福利真完善呀！

第⑩章
05

事到如今還是要問：何謂「故鄉納稅」？

常聽說「只要向故鄉納稅，就能收到價值不菲的龍蝦或牛肉」，它究竟什麼機制？

很多人都說**故鄉納稅**「很超值」。簡而言之，故鄉納稅就是民眾捐款給日本全國各鄉鎮市村，就能收到謝禮的一項制度。而且民眾只要向故鄉納稅，所得稅和住民稅就能享有部分扣除額。儘管捐款上限額度會依捐款人的年收入、家庭結構而有所不同，但以捐款4萬日圓為例，個人負擔2000日圓，剩下的3萬8000日圓皆可列為扣除額。

故鄉納稅的機制

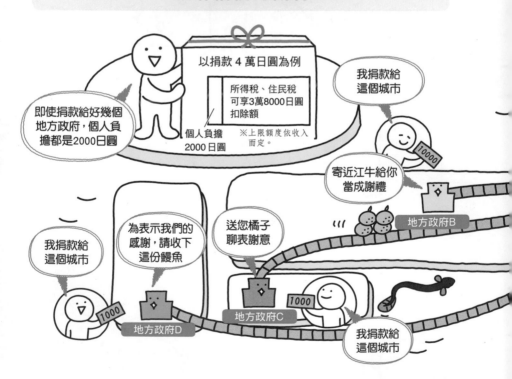

故鄉納稅的捐款對象，並不限於捐款人出生、成長的地方，也可同時捐款給不同鄉鎮市村。這一套能獲得超值贈品的故鄉納稅制度，其實原本的宗旨，是要拉近各鄉鎮市村之間的稅收落差。因為很多日本人生於地方城鎮，但長大後紛紛到都市謀生，導致大都市才收得到稅收。透過這一套向故鄉納稅的措施，地方政府才得以財源廣進。（台灣沒有相關制度）

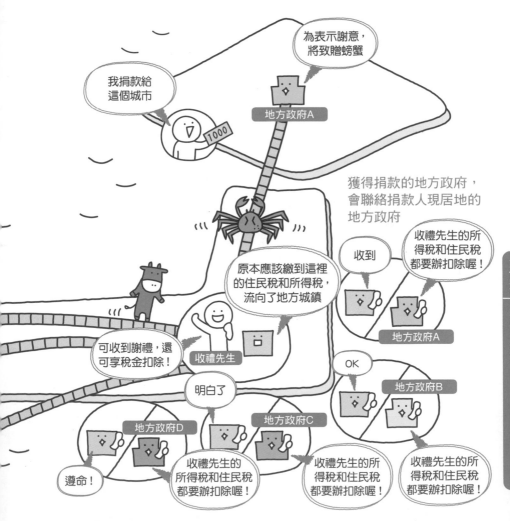

你不知道的
各種奇特稅金

　　要讓國家更富裕，你我就必須納稅。然而，在不同國家，有時竟然有令人覺得「哈~什麼？」的奇特稅金。

　　比方說日本有「入湯稅」。你若去泡溫泉，對方會向每位旅客課徵稅金，不論是日本人或外國人，都要收取。所以，這對外國人來說，因為不熟悉這項稅務規定而大感詫異，但收入湯稅據說在各大溫泉勝地可說是家常便飯。

　　另外，在德國只要養狗，就必須繳納「狗稅」。德國早期只有富豪會養狗，一般民眾並不會，所以才訂定這項稅捐來當成富人稅。當年的這個傳統，據說仍延續至今。

　　再者，英國倫敦還有「交通擁擠稅」的制度。倫敦以往每天都塞車嚴重，讓民眾大感困擾。導入交通擁擠稅後，據說塞車狀況獲得近3成的改善。

◎ 主要參考文獻

《池上彰寫給孩子的第一本金錢教科書》
（池上彰のはじめてのお金の教科書），池上彰 著

《學校沒教的教科書 改訂新版 教你看懂箇中趣味 最新 經濟的機制》
（学校で教えない教科書 改訂新版 面白いほどよくわかる 最新 経済の仕組み），
神樹兵輔 著

《經濟用語辭典》
（経済用語辞典），小峰隆夫 編

《卡爾教授的商學密集課程 金融、財務》
（カール教授のビジネス集中講座 金融・ファイナンス），平野敦士卡爾 著

《在節省、儲蓄、投資之前 事到如今很難開口問的超基本金錢知識》
（節約・貯蓄・投資の前に 今さら聞けない お金の超基本），泉美智子 審訂，
坂本綾子 著

《看圖就懂的經濟學用語事典》
（イラストでわかる経済用語事典），水野俊哉 著

第 1 章 不了解金錢，就無法看清這個世界

1-1. 新台幣的歷史變遷可參考國家發展委員會檔案管理局相關資訊：https://www.archives.gov.tw/ALohas/ALohasColumn.aspx?c=1922、https://reurl.cc/K3d57q。

第 2 章 生活周遭的金錢

2-1. 2023年8月內政部公布「111年簡易生命表」，發現國人平均壽命為79.84歲，其中男性76.63歲、女性83.28歲。

資料來源：https://www.moi.gov.tw/News_Content.aspx?n=4&s=282793。

2-2. 不幸失業、非自願離職時，若符合條件能申請勞動部的「失業給付」，金額是平均投保薪資的6成，一般最長發6個月。具體細節可參考網頁：https://www.bli.gov.tw/0005071.html。

2-3. 台灣行政院主計總處的2022年家庭收支調查結果，顯示平均每戶儲蓄27.4萬元，創下歷年次高，僅次於2021年的27.5萬元；家庭儲蓄率平均24.72%，創近22年次高。

資料來源：https://reurl.cc/a4ZDrG。

2-4. 台灣經濟部商業司2008年針對2007-2008年的調查顯示，每對新人結婚花費平均為74.5萬元，婚宴費用為41.8萬元（56.13%），蜜月旅行費用是7.4萬元（9.90%）、喜餅費用為5.7萬元（7.62%）。2023年一站式婚禮平台「結婚吧」的調查，則顯示結婚籌備預算平均將近60萬元。

可參考經濟部商業司的《結婚產業研究暨整合拓展計畫》，資料來源：https://reurl.cc/kaOpAr、https://reurl.cc/L6WeM9。

2-5. 台灣中央和各縣市皆有生育津貼、生育給付、育兒津貼、育嬰留停津貼、托育補助、學費補助等相關福利，不過有些限制不得併領。例如，衛生服利部發放的每月育兒津貼，2023年起取消排富條款，針對0-2歲提供未接受托育公共或準公共服務，且沒有領取台北市育兒津貼的小孩，提供每月育兒津貼，第一胎可領5000元，第二胎6000元，第三胎7000元。

可參考：https://born.taipei/Content_List.aspx?n=1246E7F544E2E3FB。

2-6. 台灣自110年7月1日開始，將產前檢查從10次增加到14次，並增加妊娠糖尿病篩檢、貧血檢驗與2次一般超音波檢查。

細節可參考：https://www.hpa.gov.tw/Pages/List.aspx?nodeid=194。

2-7. 英國保誠人壽在2021年「教育金準備暨學習資源大健檢」中，根據教育部統計處公布資料估算，在台灣從幼兒園到研究所畢業所需的教育費用，會因公、私立及海外不同而產生顯著差異。若都是在台灣受教育約新台幣154萬元；若高中以前都就讀私立學校，之後到美國念大學、私立研究所的話，約為1055萬元，差距近7倍。而匯豐集團2017年發布的《教育的價值：超越顛峰》的報告則顯示，台灣養育小孩到大學畢業支付的教育費用（包括學費、教科書、交通及住宿等）平均約180萬元。

資料來源：https://reurl.cc/Y0Em5O、https://reurl.cc/l7QnbE。

2-8. 台灣養車開銷可分為固定和非固定開銷。前者包括停車費（台北、新北停車位月租費大約或在3000-5000元）、牌照稅和燃料稅（每年4月是牌照稅、每年7月是燃料稅，根據汽車排氣量分級計算）、保險（政府規定要保強制險，若加保第三人責任險，加總每年保費大約3000-5000元）；後者除了油費之外，有零件費用、保養成本等。

以一般四人座自用小客車為例，每年牌照稅為7120元、燃料稅4800元、加油費4000-5000元，再加上不定期的維修、雜費等，不含車貸，每年養車可能將近13-18萬元。每月平均多增加10000-15000元的開銷。而節約版1年估算6萬多元，每個月也要支出5000多元。

資料來源：https://reurl.cc/0ZvQ8b、https://reurl.cc/r69omE。

2-9. 勞動部的職業訓練課程種類多元，包含：青年職業訓練、失業勞工職業訓練、在職員工職業訓練等。

勞動部為鼓勵勞工安心接受訓練，未申請「失業給付」者，在參加職業訓練期間可請領「職業訓練生活津貼」。非自願離職勞工於離職退保後2年內，親自向公立就業服務機構辦理求職登記，經由就業服務機構安排參加全日制職業訓練後，即可按實際參加訓練的時間，申請最長6個月的職訓津貼。額度是退保前6個月平均月投保薪資的60%。如果有撫養無工作收入的父母、配偶、未成年子女或身心障礙子女，每撫養1人加給10%，最多20%。

各種課程可參考：https://course.taiwanjobs.gov.tw/；職業訓練生活津貼可參考：https://www.wda.gov.tw/News_Content.aspx?n=5B7D022B7B2A81BA&sms=A08B1EA8119FA444&s=E02A813B076CA0B2。

第 3 章 工作賺錢之後才明白的金錢機制

3-1. 根據主計總處「薪情平台」顯示，110年年齡別的平均數所得，未滿25歲是38.2萬元，25-29歲是54.3萬元，30到39歲是65.7萬元，40-49歲為76.9萬元，50-64歲為77.3萬元，65歲以上是64萬元。

3-2. 從主計總處2022年公布的各行業薪資調查統計可知，薪資前5名依序分別為：「金融及保險業」（10萬378元）、「電力及燃氣供應業」（9萬5605元）、「出版、影音製作、傳播及資通訊服務業」（7萬9147元）、「專業、科學及技術服務業」（6萬7710元）、「醫療保健及社會工作服務業」（6萬6456元）。

薪資後段班的行業則為「教育業（不含小學以上各級公私立學校等）」（3萬2236元）、「住宿及餐飲業」（3萬6113元）、「其他服務業」（3萬7682元）、「支援服務業」（3萬8540元）、「藝術、娛樂及休閒服務業」（3萬9909元）。

資料來源：https://reurl.cc/5OvZM7。

3-3. 台灣沒有自由工作者需要對政府提出申請的規定，不過過去由企業協助員工處理的勞健保就必須自己處理。自由工作者可透過加入職業工會加保，或者選擇繳國民年金。

只不過加入職業工會需要符合2項條件。一、是經常於3個月內受雇於2個以上非勞保強制投保單位的勞工，如從事兩份以上的清潔工作或接兩份以上家教的人。二、透過獨立從事勞動或技藝工作者，獲得報酬，且未雇用有酬人員幫忙同工作的勞工。如市場攤販、自媒體經營者。

細節請參照：

https://sme.moeasmea.gov.tw/startup/modules/faq/index.php?sId=242&pageIndex=1。

3-4. 台灣自由工作者的收入費用可分為3類：執行業務所得（9A、9B）和薪資薪資（50，也稱為兼職薪資）。若是接案工作屬於前者，若是聘雇則屬於後者。填寫「勞務報酬單」時，要留意個人基本資料、聯絡資訊、收款資訊，還要特別注意收入來源，因不同所得類別，免稅額度不同。

9A是指符合以自身技藝獨立執行業務且自負盈虧等條件者，例如：會計師、律師、建築師、室內設計、地政師，以及不具職業資格，但以自己名義為他人履行勞務的表演者、經紀人、代理人、著作人、工匠、程式設計師。不同職業種類，有不同的納稅比率規定。

9B則是指演講費（演講鐘點費）、論文指導費、審查費、口試費，跟寫作、出版、樂譜、作曲、編劇、漫畫等有關的收入。每年免稅額18萬元，超過部分需自行舉證必要費用來扣除。

兼差薪資可分為固定薪資、非固定薪資，例如固定受課收入，或者是一次性鐘點費（授課鐘點費）。

可從綜合所得稅和營業稅來說明：網紅、YouTuber、實況主、KOL、

Instagrammer、直播、拍賣、網路賣家等。只要拍攝、剪輯、上傳行為所產生的廣告業配收入等，就屬於「境內來源所得」，必須併入個人年度綜合所得稅計算。關於廣告業配、點閱分潤、直播打賞等各種細節，請參考：https://reurl.cc/OjEDvv。

依據當月銷售商品或勞務的金額多寡，而有不同營業稅繳納規定。當月商品銷售額未達8萬元、銷售勞務未達4萬元，屬於小規模營業人，不用繳稅、申請稅籍登記、開立統一發票。若當月商品銷售額在8萬元以上、未達20萬元；當月銷售勞務在4萬元以上、未達20萬元，則需要辦理稅籍登記，需要繳納1%的營業稅。若當月商品、勞務銷售額20萬元以上，則需要辦理稅籍登記，且要申報營業稅，繳納5%的營業稅和開發票。

財政部網路交易課徵營業稅Q&A：https://www.etax.nat.gov.tw/etwmain/tax-info/network-transaction-taxation-area/q-and-a。

也可撥打財務部免付費電話0800-00321諮詢。

3-5. 台灣一般兼職計時人員、短期兼職行政人員工作多屬於薪資所得，一樣適用新台幣20萬元的薪資所得特別扣除額。公司會依規定開立扣繳憑單並通報國稅局。如果是執行業務所得或稿費，課稅規定較為複雜，可參考3-4的說明。

第 4 章 認識銀行的金錢機制

4-1. 根據台灣中央銀行網頁顯示，中央銀行有4大主要政策：一、發行貨幣；二、穩定物價；三、促進金融穩定；四、保管黃金及管理外匯市場。可參考https://knowledge.cbc.gov.tw/child/。

4-2. 2020年年底，立法院三讀通過，將約定利率從原本的20%調降到16%，並從2021年7月20日開始實施。相關條文請見：https://www.ly.gov.tw/Pages/Detail.aspx?nodeid=33324&pid=206451。

4-3. 台灣法律明定偽造新台幣刑責，依「妨害國幣懲治條例」第3條，最重可判無期徒刑或10年以上有期徒刑；若依《刑法》第199條，行使偽造、變造通用貨幣、紙幣，處3年以上10年以下有期徒刑。但是一般人若是在不知情下，拿到偽鈔，只要到警察局報案交給警察即可。

資料來源：https://reurl.cc/Zye6nl、https://reurl.cc/r697xO。

第 5 章 「景氣好」究竟是什麼意思？

5-1. 2020年，時任中央銀行總裁楊金龍重申「台灣不會負利率」的立場。一是台灣以銀行體系為主，如果負利率勢必衝擊經營利潤。第二，央行貨幣政策傳遞機制靠銀行體系，若銀行體系營運受影響，央行貨幣政策傳遞效果也會受影響。第三，很多存款人仰仗利息收入，負利率對存款人不利，而

存款人害怕消費，對經濟會帶來負面影響。

此外，當時的金管會主委顧立雄在財委會表示，台灣放存比約為74%左右，即使存款資金40兆元以上，遠高於放款餘額30多兆元，即有大量的存款族靠利息過活，若採行負利率對銀行獲利、存款族影響都很大。他表示：「個人堅持台灣不適合實施負利率。」

資料來源：https://reurl.cc/RyqN8n、https://reurl.cc/gaGdlV。

第 6 章 也來想想如何養大資金

6-1. 行政院金融監督管理委員會自2009年12月宣示推動有價證券全面無實體發行，台灣集保結算所也表示此舉能降低市場發行成本、提升市場效率與安全、免除股票遺失、滅失及偽變造風險。經過將近3年努力，2011年7月29日已正式達到「無實體百分百」目標，成為當時全球市值前25大中第13個全面無實體化的國家。現在要看到實體股票，可1週前跟台灣股票博物館提出申請。

資料來源：https://reurl.cc/XmE043、https://reurl.cc/My8lbK、https://reurl.cc/My8l0v、https://reurl.cc/ZyW6AI。

6-2. 在台灣有些人買股票不只看企業願景、獲利，還會根據股東紀念品來決定，此類股票被稱為「紀念品概念股」。因為有些紀念品質感好、實用性佳，上網轉賣還能小賺一筆。

想領取股東會紀念品，需要在「股東會召開前62天」下單買進。另外，不同公司規定不同，有些零股股東必須親赴股東會或採電子投票才能領取。

根據2023年6月1日yes123求職網針對上班族的調查顯示，大家票選最喜歡的股東紀念品前5名是：「超商商品卡、禮物卡」、「百貨、量販店禮券」、「餐飲禮券」、「商品提貨券」、「飯店住宿券」。而「最不期待」的股東會紀念品前五名則是：「文具、筆」、「馬克杯、水杯」、「口罩」、「襪子」、「醬油、沙拉油、調味料」。

根據《DailyView網路溫度計》2023年調查，近3年的紀念品概念股前3名為：中鋼、中信金、華南金。

資料來源：https://reurl.cc/V4zKO5、https://reurl.cc/Y0ELNa、https://reurl.cc/blVMrX、https://reurl.cc/MyOrQ4。

6-3. 台灣的3大法人：外資、投信、自營商，其中的自營商就是內文中提到證券公司的投資部門，用公司的錢買賣交易股票。因為可以直接跟證交所購買，所以享有較低的成本。台灣自營業務購買本國、外國股票、公司債的總額、淨值比例都有相關規定。

詳見：https://law.moj.gov.tw/LawClass/LawSingle.aspx?pcode=G0400072&flno=19。

6-4. 台灣買賣台股ETF時，透過股票券商收取0.1425%手續費、0.1%證交稅。若是透過基金平台，則要支付0.3%手續費，因此透過券商是一般人較常使用的管道。若想知道哪家券商較為便宜，可搜尋網路各家證券戶手續費的比較資料。

資料來源： https://reurl.cc/edDj37、https://reurl.cc/edD1rQ。

6-5. 在台灣需要先成為「股票信用交易戶」，和券商簽訂相關條件、開立信用帳戶，才能辦理融資股票買賣。台股「上市」股票融資成數通常是60%，「上櫃」則是50%。也就是說若想要融資買進1張100元的股票，要價10萬元，券商會借60%的資金（6萬元），自備資金是40%（4萬元）。年利率通常是6~7%。

資料來源：https://reurl.cc/o57OyQ、https://reurl.cc/q0LMvE。

第 7 章 可運用在投資理財上的金錢機制

7-1. 根據《2021台灣群眾集資年度報告》指出，群眾募資產業10年，回饋型仍是台灣人最熟悉的提案樣貌。10年中，達標的集資計畫已超過5000件，累積超過330萬的贊助人次，集資總金額超過90億元，領域項目橫跨科技、設計、出版、影視、遊戲、公益等，超過200件集資計畫破千萬，也成為品牌的新品發表管道。

蒐集2022年整年的數據資料完成的《2022年集資大蛋糕》則指出，台灣此年專案數量有2434件，贊助人數為84萬9488人，贊助金額是32億6680萬2631元。整年平台占比為：嘖嘖（71.7%）＞挖貝（14.5%）＞flyingV（13.2%）＞pinkoi（0.5%）。

台灣經濟研究院研究六所也蒐集了2022年上半年嘖嘖、flyingV、挖貝平台（不含訂閱式、預購式集資與挺好店等計畫專案）的相關資料，顯示半年的總成功募資金額超過9.4億元，比去年同期增加了1.4億元。其中小家電、小工具、社會公益類持續熱燒，AI科技與線上課程也創造不錯的成績，顯見明星專案的多元動態演化持續於台灣群眾募資平台發酵。

資料來源：https://2021.report.crowdwatch.tw/、https://report2022.crowdfunding.coffee/、https://findit.org.tw/researchPageV2.aspx?pageId=2087

第 9 章 了解急難時能派上用場的資金

9-1. 我國社會保險分為7類：勞工保險、軍人保險、公務人員保險、農民健康保險、全民健康保險、國民年金保險。可參考全民勞教e網〈我國社會保險面面觀〉：https://reurl.cc/5O8YWn。

9-2. 2023年的健保費費率為5.17%。台灣健保費與基本工資連動，可以透過健保投保級距、健保費負擔金額表、健保費計算公式算出要付多少健保費。

健保費試算可參考：https://cloudicweb.nhi.gov.tw/esrv/trialbill/paycount.aspx。

為了落實分級醫療，避免民眾小病也往大醫院跑，以及擴大保障弱勢族群的就醫權利，「健保部分負擔新制」分成兩階段調整。第一階段的藥品和急診兩大項是2023年7月1日上路。主要將醫學中心跟區域醫院的醫藥費上限由200元提升到300元；慢性病連續連續處方箋的領藥，則依領藥的次數酌收不同費用；急診費用從原先按照檢傷分類收費，現改為依醫院層級調整定額，最高收750元。

部分負擔調整可參考：

https://www.nhi.gov.tw/Content_List.aspx?n=1B2892186711707B&topn=787128DAD5F71B1A。

根據衛福部最新預告的草案，民眾2024年將來同一疾病自行負擔費用將從4萬8千元調整到5萬元，全年累積住院應自行負擔費用的最高金額，也將從8萬元調高到8萬4千元。

資料來源：https://reurl.cc/OjrqWA、https://reurl.cc/WvNL2k、https://reurl.cc/L6ldEX、https://reurl.cc/L6ldEX。

9-3. 台灣目前的長期照顧政策最被廣泛使用的是「長照2.0」，但有專家學者表示因為長照2.0的財源源自稅收，主要是房地合一稅、遺產稅、贈與稅及菸稅，財政愈來愈吃緊，以及目前使用此服務多為輕、中度失能程度者居多（長照等級3~5級），一半的長照需求者（長照等級6~8級）無法使用。因此呼籲政府研討「長照保險制」，透過社會保險或混合制（稅收+社會保險），來處理這個議題。

台灣目前的長照保險商品主要分為三大類：依失能和失智狀態給付的「長照險」、依疾病給付的「特定傷病險」（俗稱類長照險）和依殘廢等級給付的「殘扶險」。無論哪一種，與終身壽險、醫療險最大差異是，長照險透過每月或每年付給保戶一筆錢，確保退休後的生活基本保障。

資料來源：https://reurl.cc/NylrR9、https://reurl.cc/1GbY08、https://reurl.cc/1GbYe8。

9-4. 台灣長照險針對失能和失智的判定分別是「巴氏量表」和「CDR量表」。前者從進食、位移、如廁、沐浴、更衣、平地行動面向來評估，有3項以上無法自行完成，需要他人輔助就會判定為失能。後者則是分為時間、場所、人物3項目中來判斷，若3項中有2項無法明確回答或判別，即為失智。

資料來源：https://reurl.cc/dmyGbM。

9-5. 健保署提出4大聰明保醫療險的建議，分別是：優先選擇「實支實付醫療險」；加強「癌症」保障；優先選擇「概括式」醫療險；定期檢視保單，與時並進。細節可參考：〈聰明選擇商業健康保險——醫療保障更到位〉https://www.nhi.gov.tw/Content_List.aspx?n=65296E656791C008&topn=787128DAD5F71B1A。

9-6. 火險分為商業火險及住宅火險。台灣一般人投保「住宅火險」，主因是買屋辦銀行貸款時，被銀行要求的，通常不是自己主動投保，這稱為「強制投保」。想要有更多保障者，可視需求投保更為完善的「住宅火災綜合險」。

台灣過往有9成以上的房子沒有保地震險，921大地震後造成鉅額損失，後實施「住宅地震基本保險制度」，規定屋主從原本的「住宅火險」擴大為住宅火災及地震基本保險，也就是說這是政策型保險，會強制附加於住宅火險。

地震險則大致分為4種：地震基本保險、超額地震險、輕損地震險、擴大地震險。

資料來源：https://reurl.cc/GKpbVd、https://reurl.cc/A02RqZ。

9-7. 台灣2023年所得稅免稅額中的列舉扣除額中的保險費每人最高2.4萬元，但必須為人身保險，因此住宅火險是排除的。

資料來源：https://reurl.cc/A02RqZ。

9-8. 2008年10月1日國民年金開辦，主要針對年滿25歲、未滿65歲在國內設有戶籍，且未參加勞保、農保、公教保、軍保的國人進行納保。截至2022年為止，國民年金被保險人平均繳費率為55.38%，衛福部利用特別預算首度祭出國民年金保險費補助，希望能提高國民年金收繳率，至2023年4月國保收繳率已達43.12%，相較於提供補助前的約40%已有明顯提升，推估約增加7萬人左右繳費。

參考資料：https://reurl.cc/My8MO4、https://reurl.cc/4Wob5X。

9-9. 根據經濟合作暨發展組織（OECD）建議，退休後所得替代率至少要達70%。但是勞保局統計，2022年底領有勞保年金給付之退休勞工，平均每月領取的退休金僅18294元，遠低於國人平均總薪資57178元。此外，主計處2021年調查統計，國人每人每月平均消費約為23513元。

中華民國退休基金協會的網路平台「好命退休聰明理財平台」，指出退休金有3大來源：社會保險、職業退休金、退休理財。

第1層的社會保險是最基本的退休保障，包括國民年金、公教人員保險、勞工保險、軍人保險。第2層是依照職業別有不同，雇主與受雇者共同提撥，包含退撫基金、私校退撫基金、勞退新舊制。第3層則是為彌補退休金不足缺口，依個人需求自行準備的投資內容。

政府為協助民眾提早布局退休規畫，自2019年推動具實驗性質的退休理財專案後，2021年更進一步推出結合基金、保險、教育與公益四大功能的一站式退休準備平台「好享退——全民退休投資」。後由集保結算所、投信投顧公會、證基會及壽險公會共同主辦，國內最大基金交易平台「基富通」擔任執行單位所推出的「好好退休準備平台」正式上線。好好退休加上前身「好享退」兩大專案合計參與人數超過8萬人，每月扣款總金額逾6.5億元。

參考資料：https://reurl.cc/K3026q、https://reurl.cc/q0LpDy、https://reurl.cc/dmDp0g。

9-10. 勞動部勞公保險局網站說明，被保險人在勞保加保期間身故，或在退保後1年內身故、且死亡原因在加保期間就已發生，可以領：「喪葬津貼」、「遺屬津貼」或「遺屬年金給付」。不過本人死亡給付與提供家屬死亡給付之「喪葬津貼」不得重複請領。

細節請參考：https://www.bli.gov.tw/0007867.html。

9-11. 台灣汽車責任保險，包含機車，簡稱「強制險」，是為了幫助因交通事故傷亡所提供的基本保障。也可另行投保的責任險、車體險、超跑險，通稱為「任意險」。

台灣車禍賠償最高判例是在2019年發生在新竹，一位男子遭違規左轉騎士撞倒後，導致終身癱瘓生活無法自理，長期居住護理之家。後來高等法院判決肇事者需賠償共4029萬元的賠償金，創下台灣車禍最高紀錄！

資料來源：https://reurl.cc/ga6zKQ、https://reurl.cc/a4dNQ9。

第 10 章　繳稅也很重要

10-1. 若台灣納稅義務人沒有在期限內繳納稅款，每逾3日按應繳的稅額加徵1%的滯納金。若超過30日仍未繳納，依規定送法務部行政執行署強制執行。若收到傳繳通知書仍不繳納，行政執行署會對納稅義務人銀行帳戶存款進行強制執行。

若國稅局移送法務部處理，但因不可抗力或不可歸責導致法定期間繳清，可在得知原因消滅後10日內，提出具體證明，申請延期或分期繳納核准，可不繳滯納金。若欠繳本稅與罰款達100萬以上，將會限制出境。若以詐術或其他不正當方式逃稅，將會面臨最高5年有期徒刑的刑事責任。

資料來源：https://www.etax.nat.gov.tw/etwmain/tax-info/understanding/tax-q-and-a/national/individual-income-tax/penalty/VGpEqEr 、https://reurl.cc/E16prn。

10-2. 財政部公布2022年全國賦稅收入達新台幣3兆2191億元新高，比預算高出4950億元，主要來自：綜合所得稅、營利事業所得稅及營業稅之成長貢獻。

「綜所稅」的話，去年實徵淨額為6499億元，年增22.6%，主因是盈餘分配及薪資所得扣繳稅款、房地合一課徵所得稅有所增加。

「營所稅」方面，去年實徵淨額1兆243億元，年增45.9%，主因是2021年上市櫃公司獲利大幅成長。前5大繳稅企業的第1名是連5年穩坐台灣繳稅王冠軍寶座的台積電；接下來為陽明海運、萬海、長榮、國泰金。

至於「營業稅」實徵5284億元，年增5.8%，主因為國內產銷活動穩定，進口礦產品、化學品、電子零組件、小客車等稅額增加，以及適用外銷零稅率營業人申請退稅增加的交互營影響。

不過，證交稅、貨物稅、土增稅、期貨交易稅未達成預算目標，其中證交稅實徵1756億元，年減998億元，創史上最大量，衰退36.3%。推測除因基期高，也受俄烏戰爭、通膨升息、中國疫情風控等因素所導致。

資料來源：https://reurl.cc/E16pXg、https://reurl.cc/ga60Zz、https://reurl.cc/z6DMAk。

10-3. 台灣贈與稅是每位贈與人以每年244萬元為限，即可免徵贈與稅。

相關細節可參考財政部網站：https://www.ntbt.gov.tw/singlehtml/0baa38
1b53034993a08862dfde2243b9?cntId=f93fe3550e8f41b89a6757e8b13f
2a60。

10-4. 台灣5月是一年一度個人綜合所得稅申報時間。每年的免稅額、標準扣除額（列舉扣除額）和課稅級距都可能調整，要留意每年是否有新制。不過，主要是報稅時，適用的扣除項目愈多、金額愈高，課稅的金額就會愈少。

10-5. 日本所謂的消費稅在台灣是以「加值型營業稅」的方式課徵5%，但是我們在消費時，就已經含在商品價格裡，也就是「含稅」。亞洲消費稅平均為10%，歐洲則在20~30%之間。

資料來源：https://reurl.cc/QZEjx5。

10-6. 若是偶爾在網路上賣自己使用過的二手商品，或者買來尚未使用就因不適用、用不到的東西，或是別人贈送但不實用的物品，都不屬於營業稅的課稅範圍。但若以營利為目的，採進貨、銷貨，賺取價差就會有營業稅和營所稅的問題。

資料來源：https://reurl.cc/p5vWbd。

【圖解】地表最可愛的錢錢教科書：
搞懂錢錢是從哪裡來的，該怎麼賺得到、滾更多！

作者	伊藤良太
譯者	張嘉芬
商周集團執行長	郭奕伶
商業周刊出版部	
總監	林雲
責任編輯	林亞萱
內文插畫	小林由枝（熊 ART）
封面設計	Javick 工作室
內頁排版	陳姿秀
出版發行	城邦文化事業股份有限公司 商業周刊
地址	115020 台北市南港區昆陽街 16 號 6 樓
	電話：(02) 2505-6789　傳真：(02) 2503-6399
讀者服務專線	(02) 2510-8888
商周集團網站服務信箱	mailbox@bwnet.com.tw
劃撥帳號	50003033
戶名	英屬蓋曼群島商家庭傳媒股份有限公司城邦分公司
網站	www.businessweekly.com.tw
香港發行所	城邦（香港）出版集團有限公司
	香港灣仔駱克道 193 號東超商業中心 1 樓
電話	(852) 2508-6231 傳真：(852) 2578-9337
E-mail	hkcite@biznetvigator.com
製版印刷	中原造像股份有限公司
總經銷	聯合發行股份有限公司 電話：(02) 2917-8022
初版 1 刷	2023 年 11 月
初版 5.5 刷	2024 年 8 月
定價	360 元
ISBN	978-626-7366-24-0（平裝）
EISBN	9786267366257（EPUB）／ 9786267366264（PDF）

ZERO KARA HAJIMERU！OKANE NO SHIKUMI MIRU DAKE NOTE
Copyright © RYOTA ITO
Original Japanese edition published by Takarajimasha, Inc.
Traditional Chinese translation rights arranged with Takarajimasha, Inc.
Through AMANN CO., LTD.
Traditional Chinese translation rights © 2023 by Business Weekly, a Division of Cite Publishing Ltd

國家圖書館出版品預行編目 (CIP) 資料

國家圖書館出版品預行編目 (CIP) 資料
【圖解】地表最可愛的錢錢教科書：搞懂錢錢是從哪裡來的，該怎麼賺得到、
滾更多！/ 伊藤良太作；張嘉芬譯 . -- 初版 . -- 臺北市：城邦文化事業股份有
限公司商業周刊, 2023.11
208 面；14.8×21 公分
ISBN 978-626-7366-24-0(平裝)
1.CST: 金融學 2.CST: 投資
561　　　　　　　　　　　　　　　　　　112016882

藍學堂

學習・奇趣・輕鬆讀